Hans Tietmeyer/Bernd Rolfes (Hrsg.)

Die strukturelle Ertragsschwäche der Banken

Schriftenreihe des

european
center
for financial
services

begründet und herausgegeben von

Prof. Dr. Dr. h.c. mult. Hans Tietmeyer
Prof. Dr. Bernd Rolfes

Hans Tietmeyer/Bernd Rolfes (Hrsg.)

Die strukturelle Ertragsschwäche der Banken

Beiträge des Duisburger Banken-Symposiums

Mit Beiträgen von:

Dr. Thomas Duhnkrack, Dr. Thomas Grützemacher, Heinrich Haasis, Enrico Karl, Dr. Wolfgang Klein, Prof. Dr. Bernd Rolfes

GABLER

Bibliografische Information Der Deutschen Nationalbibliothek
Die Deutsche Nationalbibliothek verzeichnet diese Publikation in der
Deutschen Nationalbibliografie; detaillierte bibliografische Daten sind im Internet über
<http://dnb.d-nb.de> abrufbar.

Prof. Dr. Dr. h.c. mult. Hans Tietmeyer war Bundesbankpräsident und ist Präsident des European Center for Financial Services (ecfs).

Prof. Dr. Bernd Rolfes ist Inhaber des Lehrstuhls für Banken und betriebliche Finanzwirtschaft an der Universität Duisburg-Essen, Campus Duisburg, und Gesellschafter des Zentrums für ertragsorientiertes Bankmanagement.

1. Auflage September 2006

Lektorat: Susanne Kramer / Renate Schilling

Der Gabler Verlag ist ein Unternehmen von Springer Science+Business Media.
www.gabler.de

Umschlaggestaltung: Ulrike Weigel, www.CorporateDesignGroup.de
Druck und buchbinderische Verarbeitung: Wilhelm & Adam, Heusenstamm
Gedruckt auf säurefreiem und chlorfrei gebleichtem Papier
Printed in Germany

ISBN-10 3-8349-0421-X
ISBN-13 978-3-8349-0421-8

Vorwort

Die deutschen Banken und Sparkassen sehen sich in den letzten Jahren zunehmend mit gesättigten Märkten, erhöhtem Ertragsdruck und steigender Wettbewerbsintensität konfrontiert. Im internationalen Vergleich belegen Indikatoren, wie die niedrigen Eigenkapitalrentabilitäten und zu hohe Cost-Income-Ratios, das erhebliche Renditedilemma der hiesigen Kreditinstitute. Konsolidierungsbestrebungen und einzelne Erfolge durch Kostensenkungsmaßnahmen führten bislang nicht zu einer durchschlagenden Überwindung der vorherrschenden, oftmals als strukturell bezeichneten, Ertragsschwäche. Diese anhaltende unterdurchschnittliche Performance im deutschen Bankensektor wirft somit die kritische Frage auf: Haben die bisherigen Geschäftsmodelle der Banken und Sparkassen versagt?

Das Schlüsselproblem scheint klar in den begrenzten Wachstumsmöglichkeiten und mangelnder Ertragskraft zu liegen. Fehlende Größe und Schlagkraft deutscher Kreditinstitute im Markt sind diesbezüglich ebenfalls Themen kontroverser Diskussionen. In diesem Kontext wird auch die häufig bemängelte fehlende Konzentration und Spezialisierung auf Produktsortimente und Geschäftsfelder als eine schwerwiegende Ursache für die fehlende Rentabilität angeführt. Hinzu kommen die oft konstatierte Vertriebsschwäche und die Rückstande in der ganzheitlichen Kundenberatung und -betreuung bei einem Großteil der etablierten Kreditinstitute gegenüber professionellen unabhängigen Wettbewerbern. Eine klare Vertriebsorientierung und die Fokussierung auf Kundenbedürfnisse sind jedoch gerade für Banken und Sparkassen essentiell für nachhaltigen Erfolg.

Dennoch gibt es Kreditinstitute, die nicht nur erfolgreich am Markt tätig sind, sondern stetig ihre Position ausbauen und Wachstumspotenziale ausschöpfen. Auch erscheint für ausländische Player der deutsche Markt für Bankprodukte und Finanzdienstleistungen zumindest in Teilen lukrativ zu sein. Wie aber können die deutschen Banken und Sparkassen angesichts der aktuellen und zukünftigen Marktsituation agieren? Sind die Wachstumsgrenzen tatsächlich in allen Marktsegmenten nicht zu überwinden? Wie lassen sich Kundennähe und Kostendegression marktgerecht vereinbaren? Bietet ein Finanzverbund Wachstumschancen? Und welche Rolle werden Sparkassen und Landesbanken in Zukunft einnehmen?

Der vorliegende neunte Band der ecfs-Schriftenreihe greift diese Fragen auf, beleuchtet wichtige Aspekte der aktuellen Entwicklung in der deutschen Bankenlandschaft und erörtert außerdem kritisch den dringenden Anpassungsbedarf, notwendige Maßnahmen und mögliche strategische Optionen für eine profitable Neuausrichtung der Banken und Sparkassen. Die im Rahmen dieser Schrift publizierten Beiträge basieren auf den Vorträgen der Referenten des 9. Duisburger Banken-Symposiums, das am 21. und 22. September 2005 in Duisburg vom *european center for financial services* (ecfs) ausgerichtet wurde.

Auch zum Thema „Die strukturelle Ertragsschwäche der Banken – Strategische Neuausrichtung in gesättigten Märkten" konnten auch in diesem Jahr wieder hochkarätige Referenten gewonnen werden, die als ausgewiesene Experten aus Wissenschaft und Praxis der Bank- und Finanzwirtschaft, durch ihre engagierte Mitwirkung den Erfolg dieser Veranstaltung auf höchstem Niveau garantierten. Ihnen gebührt daher unser besonderer Dank. Ferner danken wir den Teilnehmern des Symposiums – zumeist Vorstandsmitglieder von Banken und Sparkassen sowie leitende Angestellte aus unterschiedlichsten Ressorts – die durch ihr zahlreiches Erscheinen und die lebhafte Diskussion verdeutlicht haben, wie aktuell und brisant dieses Thema ist, und damit unser Symposium wieder einmal außerordentlich bereichert haben. Weiterer Dank gilt den Mitarbeitern des Fachgebietes Banken und Betriebliche Finanzwirtschaft, die durch ihr großes Engagement auch in diesem Jahr zu dem äußerst erfolgreichen Gelingen der Veranstaltung beigetragen haben. Für die Aufbereitung der Beiträge und die organisatorische Gesamtkoordination gebührt Herrn Dipl.-Kfm. Jens Eckhoff unser besonderer Dank.

Prof. Dr. Dr. h.c. mult. Hans Tietmeyer

Prof. Dr. Bernd Rolfes

Inhaltsübersicht

Autorenverzeichnis

Dr. Thomas Duhnkrack
Mitglied des Vorstandes
DZ BANK AG

Dr. Thomas Grützemacher
Mitglied des Vorstandes
Stadtsparkasse München

Heinrich Haasis
Präsident
Sparkassen- und Giroverband Baden-Württemberg
Seit 05/2006 Präsident des Deutschen Sparkassen- und Giroverbandes (DSGV)

Enrico Kahl
Vorsitzender des Vorstandes
Sparda-Bank Münster eG

Dr. Wolfgang Klein
Mitglied des Vorstandes
Deutsche Postbank AG

Prof. Dr. Bernd Rolfes
Leiter des Lehrstuhls für Banken und Betriebliche Finanzwirtschaft
Universität Duisburg-Essen, Campus Duisburg

Abbildungsverzeichnis

Der Wandel der Sparkassen zu Vertriebs- und Steuerungsbanken

DR. THOMAS GRÜTZEMACHER

Mitglied des Vorstandes
Sparkasse München

1. Problemstellung und Abgrenzung der Themenfelder

Diskutiert man die strukturelle Ertragsschwäche der Sparkassen, so müssen die gesamten Strukturen der deutschen Kreditwirtschaft in den Vordergrund der Betrachtung rücken. Es stellt sich die Frage, ob in Deutschland noch tatsächlich ein 3-Bankensystem besteht, oder ob unter dem Blickwinkel der Ertragsschwäche und damit der Zukunftsfähigkeit der Sparkassen heute nicht bereits ein 2-Bankensystem vorherrscht. Weitergehend wird dadurch auch die Diskussion um eine strategische Neuausrichtung der Sparkassen aufgeworfen.

Vor dem Hintergrund eines Wandels der deutschen Kreditwirtschaft bleibt es aber vorerst strittig, ob eine strategische Neuausrichtung tatsächlich nur allein die Sparkassen betrifft, oder ob Veränderungen für alle Kreditinstitute notwenig werden. Ferner stellt sich die Frage, was die strategischen Neuausrichtungen der letzten Jahrzehnte gebracht haben. Letztendlich muss auch kritisch hinterfragt werden, ob es nicht zu einfach ist, wenn lediglich nur von gesättigten Märkten die Rede ist.

Vordergründig ist dem Recht zu geben, wenn man an sinkende Bevölkerungszahlen und rückläufige Unternehmen denkt. Betrachtet man jedoch die enorm gestiegenen Probleme in unserer Gesellschaft und Volkswirtschaft, die einen Bezug zum Tauschmittel Geld haben, also letztendlich dem Produkt mit dem ein Kreditinstitut umgeht, sind noch lange keine gesättigten Märkte erkennbar. Vielleicht handelt es sich lediglich um gesättigte Kreditinstitute.

Im Mittelpunkt dieses Beitrags soll kritisch hinterfragt werden, ob der Wandel der Sparkasse hin zur Vertriebssparkassen die richtige Antwort auf die hier diskutierten Themenfelder ist. Ein historischer Abriss der Entwicklung der Kreditwirtschaft in Zeitraffer kann dabei einen Aufschluss darüber geben, ob das vom DSGV mit McKinsey entwickelte Vertriebskonzept 2010 der Sparkassenorganisation diesem Wandel gerecht werden kann.

1.1. Die Entwicklung der Kreditwirtschaft hin zur heutigen Situation

In den 70-iger Jahren gab es noch ein klar strukturiertes 3-Bankensystem mit Privat- , sowie Genossenschaftsbanken und Sparkassen. In Literatur und Praxis war die Rangordnung in der Kreditwirtschaft eindeutig und schien stabil. Die Deutsche Bank AG, gefolgt von der Dresdner Bank AG und der Commerzbank AG gaben den Takt vor, aus bayerischer Sicht war die Hypobank und die Bayerische Vereinsbank noch bedeutend, die genossenschaftliche Zentralbank und die Landesbanken dürfen hier nicht unerwähnt bleiben, obwohl man damals schon diskutierte, wie sinnvoll es ist, dass jede Landesbank an den großen Finanzplätzen der Welt eigene Niederlassungen unterhielt. Wer bei diesen Instituten keinen Ausbildungsplatz fand, musste auf die mit wenig Image und mit geringer Wertschätzung behafteten Volks- und Raiffeisenbanken sowie Sparkassen ausweichen.

Tagespresse und wissenschaftliche Abhandlungen befassten sich mit Themen wie z.B.

- Depotstimmrecht
- Macht der Banken
- Fusionskontrolle

Wie stellt sich die Situation heute dar? Die Deutsche Bank AG hat nach einem Bericht des Spiegels im Mai 2005 kaum noch stille Reserven. Diese wurden zu Gunsten eines hohen laufenden Gewinnausweises über viele Jahre verbraucht. Die Dresdner Bank AG kämpft um das Image, mehr zu sein als die Vertriebsgesellschaft der Allianz-Versicherung, die Commerzbank sucht seit Jahren einen Partner und keiner will sie. Die Hypo und die Vereinsbank waren allein – aber wohl auch heute als fusioniertes Institut – nicht mehr überlebensfähig. Die Landesbanken geben offen zu, dass sie kein zukunftsweisendes Geschäftsmodell mehr haben. Nicht nur an Marktanteilen, sondern auch an Image und gesellschaftlichem Einfluss haben in den letzten 30 Jahren ausschließlich die Volks- und Raiffeisenbanken sowie Sparkassen gewonnen. Auch wenn die Ertragslage innerhalb dieser beiden Gruppen seit Jahren zunehmend unter Druck steht, geht es diesen Kreditinstituten noch relativ gut. Es stellt sich die Frage nach den Ursachen dieser Entwicklung. Es sollte dann gelingen, gemeinsam aus erkannten unterschiedlichen Verhaltensmustern zumindest einen Teil der Ursachen zu erkennen, um daraus Aussagen für die Zukunft ableiten zu können.

Anfang bis Mitte der 90-iger Jahre hat der DSGV gemeinsam mit McKinsey ein Vertriebskonzept entwickelt, das der damals bereits erkennbaren Ertragsschwächung entgegenwirken sollte. Im Kern umfasst dieses als „Vertriebskonzept 2010“ bekannte Werk die Ausrichtung der Sparkassen hin zu selbständigen Vertriebs- und Steuerungsbanken. Auf der Marktseite – also der Schnittstelle zwischen Kunde und Sparkasse – soll sich die Sparkasse durch die Schaffung neuer Strukturen, wie beispielsweise Vermögensanlagecenter, Immobiliencenter, Finanzdienstleistungsfilialen u.v.m., neu positionieren. Darüber hinaus beinhaltet das Vertriebskonzept 2010 wesentliche Grundgedanken zum Personal. Letztlich geht es dabei um ein neues Personalkonzept, beginnend mit der Ausbildung und endend mit einer stärkeren Verkaufsausrichtung bzw. einem neuen Berufsverständnis. Ein drittes Element des Vertriebskonzeptes 2010 könnte man mit der Überschrift „technisch-organisatorischer Bereich“ bezeichnen. Dabei steht die Kostenreduzierung durch Zentralisierung von Produktionstätigkeiten im Vordergrund, z.B. auch die Frage des Outsourcings.

1.2. Der Bankbetrieb aus Sicht der Kybernetik

Eilenberger hat im Jahre 1972 den Bankbetrieb aus der Sicht der Kybernetik als einen soziotechnischen Betrieb beschrieben, in dem soziale Elemente und technische Einrichtungen zusammenwirken und in ihrer Gesamtheit Schnittstellen zur so genannten relevanten Umwelt haben. Erfolgsfaktor für ein Kreditinstitut ist nach seiner Überzeugung die Optimierung dieser drei Elemente, sowie die Optimierung der interdependenten Beziehungen.

Das Vertriebskonzept 2010 basiert nun genau auf diesen drei Erfolgsfaktoren, die Eilenberger aus der kybernetischen Betrachtungsweise bereits in den 70-iger Jahren abgeleitet hat,

- den Mitarbeitern, also die sozialen Elemente
- dem technischen Betrieb, also dem technisch-organisatorischen Bereich – und
- den Kundenbeziehungen, also der sogenannten relevanten Umwelt.

Bevor nun der Wandel der Sparkassen zu Vertriebs- und Steuerungsbanken anhand des DSGV-Vertriebskonzeptes 2010 aus dem Blickwinkel der Kybernetik darstellt wird, sollen die wesentlichen Grundzüge dieses Vertriebskonzeptes 2010 kurz erläutert werden, wobei zur Verdeutlichung eine überzeichnende Darstellung zielführend erscheint.

1.3. Das Vertriebskonzept 2010 der Sparkassenorganisation

Die heutige Sparkasse soll durch Zentralisierung aller Backoffice-Arbeiten zunächst Kosten reduzieren. Diese Zentralisierung kann eine Inhouse oder Outhouse-Strategie sein. Letztlich kommt es unter ceteris paribus – also insbesondere gleichen Qualitäten – nur auf den Preis der Leistungserstellung an. Darüber hinaus sollen durch aufbau- und ablauforganisatorische Anpassungen die Schnittstellen zu den Kunden optimiert werden. Einerseits soll dies durch eine eindeutige Kundensegmentierung gemacht werden, wobei die Mindestsegmentierung aus den 3 Kundengruppen Firmen-, Privat- und Individualkunden besteht. Diese Kundensegmente haben 2 Arten von Bedürfnissen, nämlich Bankdienstleistungen, die häufig abverlangt werden; man spricht vom so genannten Liquiditätsmanagement, und Bankdienstleistungen, die weniger häufig nachgefragt werden, dem so genannten Vermögensmanagement. Letztlich liegt dem Vertriebskonzept 2010 eine Matrixorganisation zugrunde, da neben der kundenbezogenen Organisationsform auch dienstleistungsbezogene Bereiche, wie z.B. das Immobiliencenter, das Wertpapier- oder Versicherungscenter u.v.m. zu installieren sind. Schließlich beinhaltet das Vertriebskonzept 2010 ein Personalkonzept, das im Kern eine Verhaltens- und Bewusstseinsänderung verlangt. Angefangen bei der Flexibilisierung des Gehaltes, der Arbeits- und Beratungszeiten, wird bereits mit der Ausbildung zum Sparkassenkaufmann eine zunehmende Verkaufsorientierung gefordert und gefördert.

2. Die einzelnen Elemente des Vertriebskonzeptes 2010 aus Sicht der Kybernetik

2.1. Die sozialen Elemente des Bankbetriebes

Zu den öffentlich immer wieder diskutierten Ursachen bezüglich der sozialen Elemente hört man oft, dass die Mitarbeiterzahl zu hoch ist, angekündigte Entlassungswellen sollen die Rentabilität steigern und die Wettbewerbsfähigkeit langfristig sichern. Auch kann man im letzten Jahrzehnt vermehrt hören, dass durch Coaching und Verkaufsförderung die Sparkassenmitarbeiter stärker auf den Vertrieb geschult und die Ausbildungsinhalte angepasst werden müssen oder ganz einfach, dass die Lohnkosten zu hoch sind (insbesondere die Lohnnebenkosten), dass der Kündigungsschutz einer Mehrbeschäftigung im Wege steht oder die urlaubs- und krankheitsbedingten Abwesenheitszeiten zu hoch und die Flexibilität der Mitarbeiter im allgemeinen zu niedrig ist. Da diese Faktoren aber in allen Bankensektoren im Prinzip gleich sind – im Sparkassensektor sogar in Teilbereichen viel strenger (z.B. Unkündbarkeit nach BAT), muss es darüber hinaus Faktoren bezüglich der sozialen Elemente geben, die die unterschiedliche Entwicklung erklären.

Individuen, Menschen, Mitarbeiter, also die sozialen Elemente im Sinne der Kybernetik, haben eigene Vorstellungen, Wünsche und Ziele. Berufliche Entscheidungen werden immer auch durch die persönliche Situation des Menschen bzw. Entscheidungsträgers beeinflusst. Lebt dieser Entscheidungsträger nun in einem beruflichen Umfeld mit hohen variablen Bezügen, einem zeitlich befristeten Arbeitsvertrag und der Erfahrung regelmäßiger Entlassungswellen, werden Entscheidungen für den Betrieb tendenziell auf eine Gewinnmaximierung in der Gegenwart gerichtet sein. Ist nun die Unternehmensphilosophie und Unternehmenspolitik auf Gewinnmaximierung ausgerichtet, ist das grundsätzlich die richtige Entscheidung und für den Moment akzeptabel. Erweitert man den Blick aber darauf, dass Unternehmen nach den verschiedensten Kriterien primär den Gedanken der Unternehmensfortführung haben, dann sind ganz erhebliche Widersprüche erkennbar. Die vorher noch als gut zu bezeichnende Entscheidung muss plötzlich als suboptimal bezeichnet werden. Diese für das Unternehmen suboptimalen Entscheidungen häufen sich, je stärker der Betrieb den Gedanken der Gewinnmaximierung in den Vordergrund stellt und je mehr Entscheidungsträger zeitlich befristete, mit hohen variablen Bezügen ausgestattete, Arbeitsverträge haben. Neuere empirische Untersuchungen haben gezeigt, dass die Unternehmenstreue der Mitarbeiter in den letzten Jahren erheblich nachgelassen hat.

Letztlich bedeutet das einen zunehmenden Individualegoismus, sodass der These von der Beeinflussung unternehmerischer Entscheidungen durch die persönliche Situation wohl in der Tendenz zugestimmt werden muss. Dies gilt insbesondere auch, wenn immer häufiger angekündigte Entlassungswellen die Mitarbeiter zunehmend verunsichern. Diese gehäuft suboptimalen Entscheidungen führen in einem Unternehmen aber zu Substanzverzehr, der bis zur Existenzgefährdung gehen kann. In welchem der 3 Sektoren der Kreditwirtschaft diese Verhältnisse am stärksten ausgeprägt sind, bleibt zu diskutieren. Messen könnte man es beispielsweise an der durchschnittlichen Betriebszugehörigkeit von Mitarbeitern oder an der Anzahl der öffentlich angekündigten Entlassungen in Zeiten steigender Gewinne.

Nun beinhaltet das Vertriebskonzept 2010 auch so genannte motivationsfördernde Personalelemente. Hierzu gehört beispielsweise der Vorschlag, das Gehalt der Mitarbeiter stärker erfolgsorientiert auszurichten. Grundsätzlich ist eine solche Ausrichtung zu befürworten, jedoch dürfen diese Ansätze eben nicht den Individualegoismus fördern, sondern müssen ihn gerade verhindern. Hierzu aber sind die heutigen Vergütungssysteme nicht geeignet, sodass hier die Forderung nach völlig neuen Denkansätzen bei den Personalleitern angestoßen werden muss.

2.2. Die technischen Einrichtungen des Bankbetriebes

Neben den sozialen Elementen erklärt sich der Bankbetrieb aus den technischen Einrichtungen und deren Zusammenspiel. Unternehmensphilosophie und Unternehmensziele, sowie damit auch die Unternehmensstrategie, werden ganz wesentlich von der Art und Weise dieses Zusammenwirkens bestimmt. Wird nun diesem Zusammenwirken durch häufiges Wechseln der Unternehmensstrategie nicht ausreichend Zeit gegeben, sich optimal im Sinne von Wirtschaftlichkeit aufeinander einzustellen, verbleibt ein Unternehmen dauerhaft in der Suboptimalität, d.h. Unwirtschaftlichkeit und nicht ausreichende Rentabilität sind die Folge. Dies wiederum führt zum nächsten Strategiewechsel und das Spiel im Sinne der Kybernetik beginnt von neuem. So berichtete das Handelsblatt, dass die Dresdner Bank – bedingt durch den Wechsel in der Führungsebene – innerhalb von 2 Jahren drei jeweils andere Unternehmensstrategien vorgegeben hat. Raus aus dem Retailgeschäft, rein ins Retailgeschäft, Outsourcing, um kurz darauf Inhouse-Strategien im Sinne der Nutzung der gesamten Wertschöpfungskette einzuführen, heute das klassische Bankgeschäft zu fördern, um morgen im Investmentbanking die Zukunft eines Unternehmens zu sehen oder auch nur die Tatsache zu ignorieren, dass der tragende Pfeiler unserer Volkswirtschaft die klein- und mittelständischen Unternehmen sind, müssen in einer Volkswirtschaft wie der unsrigen zu Misserfolg führen. Man kann nicht in einer Volkswirtschaft Geld verdienen wollen, wenn man gleichzeitig die Gegebenheiten dieser Volkswirtschaft ignoriert. Hier bleibt es dem jeweiligen Betrachter überlassen, zu beurteilen, in welchem der drei Sektoren der Kreditwirtschaft der häufigste Strategiewechsel und das geringste Interesse an der Versorgung der Bevölkerung mit Bankdienstleistungen und das geringste Interesse an der Finanzierung der klein- und mittelständischen Betriebe vorherrscht.

Häufig wird auch das Argument der Notwendigkeit des globalen Denkens angeführt, des Denkens in größeren Zusammenhängen und ähnlichem. Dies erscheint richtig und notwendig, aber dieses Denken in größeren Zusammenhängen ist nicht zwangsläufig ein räumlich-globales Denken, welches dringend notwendig ist. Es muss auch ein zeitlich in die Zukunft gerichtetes Denken sein, welches sich am Gedanken der Unternehmensfortführung ausrichten muss und nicht am nächsten Jahresüberschuss und damit bei der nächsten Tantieme endet. Je höher ein Entscheidungsträger in der Hierarchie steht, desto weiter muss er in die Zukunft des Unternehmens denken und dafür sehe ich heute wenige Anreize. Genau hier liegt aber der Vorteil der genossenschafts- und öffentlich-rechtlichen Kreditinstitute. Da das räumliche Gebiet fixiert ist, sind die Entscheidungsträger gezwungen, sich auf das zeitliche Denken zu konzentrieren. Die Organisationsform bzw. die Strukturen innerhalb dieser beiden Sektoren schaffen quasi automatisch die richtigen Voraussetzungen.

2.3. Die relevanten Umweltbeziehungen

Betrachtet man ein Unternehmen aus der Sicht der Kybernetik, dann ist die Beziehung zur relevanten Umwelt ein wichtiger Bestandteil des Erfolges. Bankbetriebe haben, wie alle anderen Unternehmen, Beziehungen zu Lieferanten und Kunden sowie imagebildende Beziehungen zur gesamten relevanten Gesellschaft. Auch hier lassen sich in den letzten 30 Jahren ganz wesentliche Entwicklungsunterschiede feststellen. Zur besseren Erklärung wird hier fortan nicht mehr vom 3 Säulensystem, also den Privat-, genossenschaftlichen und öffentlich-rechtlichen Kreditinstituten gesprochen, sondern nur mehr in zwei Gruppen unterschieden, nämlich die gewinnmaximierenden und die Kreditinstitute, deren Ziel primär in der Versorgung der Bevölkerung mit Bankdienstleistungen und der Förderung der Mitglieder besteht.

Die öffentlich gern diskutierten Ursachen aus diesem Bereich der relevanten Umwelt sind z.B. die Benachteiligung bestimmter Bankengruppen aufgrund der Gewährträgerhaftung, der Anstaltslast, die angeblich günstigere Refinanzierung der Primärstufen, das Prüfungsmonopol der genossenschaftlichen und öffentlich-rechtlichen Prüfungsverbände u.v.m.. Nicht diskutiert werden aber die Veränderungen der Geschäftsmodelle in den letzten 30 Jahren, die auf die Gewinnmaximierung in der Gegenwart abstellen und den Gedanken der Unternehmensfortführung, also das zeitlich unbefristete Leben eines Unternehmens, zu gering beachten und oft genug sogar negieren. Beispielhaft lässt sich hier der Austausch des Zinsgeschäftes durch das Provisionsgeschäft nennen, oder die an der Struktur und dem Wachstum der eigenen Volkswirtschaft vorbeigeplanten Unternehmensziele.

Veranschaulichen kann man dies am Kreditgeschäft. Möchte man über Jahre hinweg ein Wachstum im Kreditgeschäft erreichen, das über dem Volkswirtschaftswachstum liegt, muss man sich letztlich Marktanteile hinzukaufen. Dies geht nur über den Preis, die Qualität oder Unternehmenskäufe bzw. Fusionen. Über den Preis wird es in der Regel eher ungern vollzogen, weil dadurch der Gewinn und damit die Tantieme sinkt. Höheren Führungsebenen ist es vorbehalten, Einfluss auf das Geschäftsmodell zu nehmen. Ihnen obliegt die Möglichkeit, Zins- in Provisionsgeschäft umzuwandeln. Besteht das klassische Kreditgeschäft darin, einen mehrjährigen Kreditvertrag zu schließen – z.B. ein Hypothekenkredit – liegt der wesentliche Vorteil der Bank darin, dass während der Laufzeit mit nur geringen Kosten jedes Jahr ohne große weitere Aktivitäten eine Zinsmarge zu bekommen war. Erst im Jahr der Zinsverlängerung fielen entsprechend höhere Kosten an. Die Zinsmargen sind zwar in den letzten Jahren erheblich gefallen, aber unter Beachtung der wesentlich rationelleren Leistungserstellung sind auch die heute erzielbaren Margen noch auskömmlich, sofern man von der institutsspezifisch benötigten Risikoprämie absieht.

Das Provisionsgeschäft unterscheidet sich vom klassischen Zinsgeschäft dadurch, dass im Jahr des Geschäftsabschlusses ein wesentlich höherer Ertrag anfällt, aber dafür in den kommenden Jahren kein Ertrag mehr fließt. Das zweite Unterschiedsmerkmal besteht darin, dass die Provision jedes Jahr durch Neugeschäft verdient werden muss, also nicht, wie das klassische Zinsgeschäft, einen stabilen Grundertrag über Jahre hinweg bringt. Viele der sogenannten Finanzinnovationen der letzten Jahre führen zu einer zeitlichen Verlagerung von Erträgen und zu sehr viel stärkeren Ertragsschwankungen. Da viele dieser Provisionsgeschäfte außerbilanzielle Geschäfte sind, kann vielleicht das außerbilanzielle Volumen einen Hinweis geben, in welcher der beiden Bankengruppen diese Methoden übertrieben bzw. maximiert wurden, um dann in Zeiten schlechter Konjunktur überproportional negative Auswirkungen auf Rentabilität und Eigenkapital zu haben. Es liegt dann eine suboptimale Entscheidung vor, wenn einerseits das Provisionsgeschäft forciert wird – damit der Gewinn in die Gegenwart verlagert wird – aber zugleich die Kosten weiterhin als Fixkosten bestehen bleiben, anstatt diese im gleichen Verhältnis in variable Kosten – und zwar variabel in Abhängigkeit der Provisionseinnahmen – zu transformieren. Wird dieses verfehlt, bricht das Geschäftsergebnis in Abhängigkeit der Konjunkturzyklen überproportional ein. Die Steigerung des Provisionsgeschäftes ist u.a. auch ein Ziel des Vertriebskonzeptes 2010. Es ist richtig, dass die Sparkassen im Verhältnis zu anderen Kreditinstituten ein unterdurchschnittlich entwickeltes Provisionsgeschäft haben. Meistens wird dies am Beispiel des Wertpapiergeschäftes diskutiert. Der Ansatz, das Provisionsgeschäft zu stärken, ist richtig und sollte einen positiven Beitrag leisten, die strukturelle Ertragsschwäche zu überwinden. Dies muss aber unter fest definierten Nebenbedingungen erfolgen, wie beispielsweise:

- Umwandlung von fixen in variable Kosten, die im Zusammenhang mit dem Provisionsgeschäft stehen und

- dass das Provisionsgeschäft nicht zu Lasten des mehrjährigen Margengeschäftes gestärkt werden darf.

Die Stadtsparkasse München hat auf dieser Grundlage das Wertpapiergeschäft in den letzten Jahren erheblich forciert, wobei zwei Grundbedingungen beachtet werden:

1. Werden bilanzwirksame Kundeneinlagen verwendet, ist mit dem Emittenten eine entsprechende Einlagenvereinbarung zu treffen.

2. Während der Laufzeit des Wertpapiers vereinbaren wir mit dem Emittenten eine jährliche Provisionszahlung in Höhe der entgangenen Marge aus den verwendeten Kundeneinlagen.

Da die Stadtsparkasse München die Wertpapierprodukte nicht selber entwickelt, sondern am Markt einkauft – ganz im Sinne des Vertriebskonzeptes 2010 – hat Sie darüber hinaus Kostenvorteile, Risikovorteile (Produkt, Haftung, Diversifikation), Kapazitätsvorteile und vor allem auch die Möglichkeit, den Kunden eine wesentliche breitere Diversifikation in seiner Anlage anbieten zu können, da sie die einzelnen Tranchen sehr klein halten kann. Gerade dadurch, dass die Stadtsparkasse München Fixkosten in variable Kosten getauscht hat, konnte sie auch in den Jahren nach 2001 – als das wertpapierabhängige Provisionsgeschäft stark rückläufig war – einen stabilen Erfolgsbeitrag für die Gesamtsparkasse erwirtschaften. Stark schwankende oder gar fehlende Erträge sind somit kein strukturelles Problem, sondern institutsspezifisch zu sehen und ergeben sich in der Regel aus einer Reihe suboptimaler Einzelentscheidungen.

3. Würdigung der Lösungsansätze

3.1. In Literatur und Praxis diskutierte Lösungsansätze

Die öffentlich geführten Diskussionen sind oftmals wenig zielführend und lösungsorientiert. Diskutiert werden beispielsweise die schon erwähnte Aufhebung der Gewährträgerhaftung und Anstaltslast, die notwendige Internationalisierung unserer Unternehmen also das räumlich-globale Denken, nicht das zeitliche. Ganz zu schweigen von der Abschaffung des Kündigungsschutzes, der zunehmenden Flexibilisierung der Löhne und der Arbeitsverträge, der Verkürzung der Schul- und Studienzeiten sowie der Verlängerung der Lebensarbeitszeit. Überhaupt werden Struktur und Gedanke der sozialen Markwirtschaft oftmals als nicht mehr modern angesehen. Dies alles wird überlagert durch das eigentliche Hauptproblem, nämlich die Unkäuflichkeit von Sparkassen. Wären sie nur käuflich, all unsere Probleme wären nach Meinung so mancher Großbanker gelöst.

3.2. Neue Produkte, neue Märkte

Zu den nicht öffentlich diskutierten Lösungen, zu denen, die offensichtlich undenkbar sind, gehört zunächst einmal die kritische Auseinandersetzung mit unserer Volkswirtschaft, in der wir unser Geld verdienen. Daraus lassen sich für die Zukunft ganz neue Geschäfts- und Produktfelder entwickeln. Eines der bedeutendsten Probleme wird die Lösung der Staatsverschuldung sein. Schließt man mal die beiden Lösungen steigende Inflation und Währungsreform aus, so liegt es doch an unserer Branche, Lösungskonzepte zu entwickeln, die unseren Kindern die Zukunft sichern. In Teilbereichen wurden Sparkassen zum Handeln gezwungen, z.B. bei der Erstellung von Produkten im Zusammenhang mit der "Riesterrente". Wo aber sind die Weiterentwicklungen, die Ergebnisse unserer Häuser für das gesamte Sozialversicherungswesen, das in den nächsten Jahren mit Sicherheit weiter in private Verantwortung gehen wird, da es öffentlich nicht mehr finanziert werden kann? Wo sind die Führungskräfte der großen Banken, die an derartigen Projekten arbeiten, Vorschläge unterbreiten, die sie dann in verkaufbare und gewinnsteigernde Bankprodukte verpacken? Beispielsweise wird die Mehrheit der Verantwortlichen bei dem Stichwort Sozialversicherung lediglich an die Kranken-, Renten- und Arbeitslosenversicherung denken. Was ist aber mit der Pflegeversicherung? Einerseits kommt in den nächsten Jahren durch Erbschaften ein Milliardenvermögen in Form von Sachwerten auf die Bevölkerung zu; andererseits besteht in vielen Haushalten in Europa zu wenig liquides Vermögen, um Pflegefälle menschenwürdig die letzten Jahre begleiten zu können. Wo also sind die Produkte und Lösungsvorschläge, die Banken an dieser Situation partizipieren lassen?

3.3. Geänderte Strukturen und Modelle

Neue Geschäfts- und Produktfelder sind nur eine partielle Lösung unserer Probleme. Daneben muss es strukturelle und strategische Lösungsansätze geben. Es ist festzustellen, dass seit Jahren das Prinzip „Angriff ist die beste Verteidigung“, auch in unserer Branche beobachtet werden kann. Gerade der Sektor der Kreditwirtschaft, der in den letzten 30 Jahren nachhaltig bewiesen hat, dass er nicht in der Lage ist, langfristig und nachhaltig Erträge zu erwirtschaften, will genau die Kreditinstitute übernehmen, die ihre Leistungsfähigkeit über Jahrzehnte bewiesen haben. Wenn große deutsche Privatbanken öffentliche Übernahmeangebote an genossenschaftliche und öffentlich-rechtliche Kreditinstitute abgeben, dann geht es meines Erachtens hier nicht nur um die Ablenkung vom eigentlichen Thema, sondern sie spielen verkehrte Welt im Sinn „Angriff ist die beste Verteidigung“. Macht es wirtschaftlich wirklich Sinn, wenn der weniger Erfolgreiche – mit seinen Grundprinzipien der Gewinnmaximierung – den Erfolgreichen übernimmt?

Ein einfacher Lösungsvorschlag: Die Institutsgruppe mit dem seit Jahrzehnten offensichtlich besseren Geschäftsmodell übernimmt die Gruppe, die das offensichtlich weniger erfolgreiche Geschäftsmodell verfolgt hat. Konkret gesprochen bedeutet das, dass die genossenschaftlichen und öffentlich-rechtlichen Kreditinstitute der Primärstufe Teile des Privatbankensektors übernehmen. Dies würde aber voraussetzen, dass es richtig ist, dass die Geschäftsmodelle dieser beiden Primärstufen tatsächlich erfolgreicher sind. Darüber hinaus wäre dann eine Sonderlösung für die zunehmende Internationalisierung des Bankgeschäftes notwendig. Auch müssten die Entscheidungsstrukturen innerhalb dieser beiden Gruppen geändert werden, um eine solche Entwicklung möglich zu machen. Die einzelnen Elemente des Geschäftsmodells der Sparkassen müssen nicht im Detail vorgestellt werden; vielmehr lässt sich das Erfolgsprinzip anhand einer kleinen Geschichte erläutern:

Ein deutscher Urlauber, zugleich Hobbygärtner, fährt nach Irland, um sich dort alte Schlösser anzusehen. Bereits bei der ersten Schlossbesichtigung bleibt er am Eingangstor stehen und bewundert den schönen Rasen. Er tritt näher, bückt sich, untersucht den Rasen ganz genau und kann dabei keinerlei Mängel feststellen. Zwischenzeitlich ist der Schlossherr zu ihm gekommen; fortan entwickelt sich ein freundschaftliches Gespräch.

Der deutsche Urlauber fragt, wie er einen so schönen Rasen bekommen habe, er selber bemühe sich sehr, hätte aber nicht diesen Erfolg.

Der Schlossherr antwortet: „Ich sprenge den Rasen 2x täglich".

Der Urlauber antwortet: „Ich auch."

Der Schlossherr sagt: „1x wöchentlich gehe ich auf Knien über meinen Rasen, um Unkraut zu entfernen."

Der Urlauber erwidert: „Ich auch."

So sagt der Schlossherr: „3x die Woche mähe ich meinen Rasen."

Nachdenklich antwortet der Urlauber: „Ich auch."

Gütig lächelte daraufhin der Schlossherr den Urlauber an und sagt mit Bedacht: „Ich mache dies seit 400 Jahren."

Diese kleine Geschichte hat sehr viel gemeinsam mit den Überlegungen aus der Kybernetik. Die 3 Elemente, die sozialen, die technischen und die relevanten Umweltbeziehungen, benötigen ausreichend Zeit, um sich optimal aufeinander einzustellen. Schnelle und immer wiederkehrende Strategiewechsel sind suboptimal. Sie können neben einem ständigen Substanzverzehr bis hin zum vollständigen Eigenkapitalverlust führen. Paart man nun diesen Gedanken der Stabilität und Dauerhaftigkeit mit einem eindeutigen Bekenntnis zur Struktur derjenigen Volkswirtschaft, in der die Gewinnerzielungsabsicht (ausdrücklich nicht Gewinnmaximierung) realisiert werden soll, ist nicht nur das Geschäftsmodell, sondern auch das Erfolgsmodell beschrieben. Ein dauerhaftes und stabiles Bekenntnis zur Versorgung breiter Bevölkerungsschichten mit Bankdienstleistungen und die Versorgung der klein- und mittelständischen Unternehmen mit ausreichenden Kreditmitteln schafft Vertrauen in den Kundenbeziehungen und sichert langfristig den Unternehmenserfolg. Vertrauen ist die Basis des Sparkassen-Geschäftes und somit das Erfolgsrezept. Solange es einem Kreditinstitut gelingt, an diesem Grundprinzip festzuhalten, wird es auch in Zukunft erfolgreich sein. Gerade das regional begrenzte Geschäftsgebiet einer Genossenschaftsbank und einer Sparkasse verpflichtet im Besonderen zur Verbundenheit mit der Region. Eine Sparkasse, die aufgrund ihrer Geschäftspolitik verbrannte Erde produziert, kann eben nicht durch räumliche Diversifikation ihre Fehler verschleiern. Wenn es nun noch gelingen sollte, dem Gedanken der Gewinnmaximierung nicht zu folgen, sondern dem Gemeinwohl weiter verpflichtet zu sein, und wenn es uns gelingt, den Individualegoismus in Grenzen zu halten, das Provisionsgeschäft zu verbessern, ohne das Margengeschäft zu zerstören, wenn es gelingt, das Vertriebskonzept 2010 mit seinen kostenreduzierenden Ansätzen umzusetzen, und wenn es uns gelingt, effiziente Entscheidungsstrukturen in der Sparkassenorganisation zu implementieren, dann werden am Ende des Weges die genossenschaftlichen und öffentlich-rechtlichen Kreditinstitute die heutige Ertragsschwäche als eine ganz natürliche Schwankung des Ertrages im Leben eines Unternehmens sehen.

4. Zusammenfassung

Abschließend gilt es noch die Anfangsthesen zu bewerten. Ist die Struktur, also das 3-Säulensystem, zukunftsfähig? Eindeutig ja, nur innerhalb jeder Säule bedarf es noch großer Anstrengungen, um zu effizienten Abläufen sowie Strukturen zu kommen. Brauchen die Sparkassen eine strategische Neuausrichtung? Nein, die Entwicklung der letzten 30 Jahre hat gezeigt, dass das Modell Sparkasse Zukunft hat. Die so oft dargestellten gesättigten Märkte sind vielmehr gesättigte Unternehmen bzw. gesättigte Market Player. Der Sparkassensektor muss sich mit Innovationen den Herausforderungen des Marktes aktiv stellen. Schließlich ist der Ansatz der Sparkassenorganisation, sich mit dem Vertriebskonzept 2010 für die Zukunft zu rüsten, richtig und zielführend. Einzelne Elemente des Vertriebskonzeptes 2010 müssen jedoch bedarfsgerecht umgesetzt werden, insbesondere sollten erkennbare Fehler von vornherein vermieden werden.

Die Zusammenarbeit von Landesbanken und Sparkassen – Ein Erfolgsmodell für die Sparkassen-Finanzgruppe?

HEINRICH HAASIS

Präsident des Sparkassen- und Giroverbandes Baden-Württemberg
Seit 05/2006 Präsident des Deutschen Sparkassen- und Giroverbandes (DSGV)

I. Stellung und Bedeutung des Verbundes der Sparkassen-Finanzgruppe im Wettbewerb

Um einen Überblick über die Zusammenarbeit im Verbund – als Erfolgsmodell – der Sparkassen-Finanzgruppe zu geben, gilt es zunächst, einen kurzen Blick zurück auf die jüngere Vergangenheit der deutschen Kreditwirtschaft zu werfen. Die Jahre 2002 und 2003 waren für die deutschen Kreditinstitute eine schwierige Phase. Man kann ohne Übertreibung sagen: Es war ein Stresstest angesichts des Einbruchs an den Finanzmärkten nach dem Platzen der New-Economy-Bubble und des schwachen Wirtschaftswachstums in Deutschland mit Rekordzahlen bei Unternehmensinsolvenzen. Geschäftsmöglichkeiten brachen dadurch weg. Die Risikovorsorge schnellte in die Höhe. Aber diese schwierige Phase zeigte auch, dass Deutschland ein stabiles Finanzsystem hat. Was seinerzeit prognostiziert wurde, ist nicht eingetreten. Von japanischen Verhältnissen waren wir meilenweit entfernt.

Im Gegenteil: Die Kreditinstitute haben mittlerweile ihre Bilanzen bereinigt, die Kosten wurden gesenkt. Das gilt für alle kreditwirtschaftlichen Gruppen. Auch wenn unterschiedliche Ursachen den Kostensteigerungen zu Grunde lagen. So war bei einem Teil der Kreditinstitute sicherlich der teure Ausbau des volatilen Investmentbankings inklusive eines kostenintensiven Aufbaus einer überdimensionierten IT-Infrastruktur mit verantwortlich. Alle Kreditinstitute wollten allerdings, getragen von der Euphorie der Märkte, möglichst viele und immer komplexere Produkte anbieten. Heute dagegen ist das Ziel, möglichst günstig zu produzieren. Es hat eine Rückkehr zu weniger und einfacheren Produkten eingesetzt, was sicherlich nicht ganz so einfach in der Umsetzung sein wird. Das Ergebnis einer kürzlich bei einem Kreditinstitut durchgeführten Untersuchung seiner 290 Produkte ist gewiss kein Einzelfall: Mit 10 Prozent der Produkte werden dort 80 Prozent des Geschäfts gemacht. In vielen anderen Kreditinstituten könnte man ähnliche Relationen feststellen.

Es hat aber nicht nur eine allgemeine Rückbesinnung eingesetzt. Vielmehr kann man aus der Situation in den Jahren 2002 und 2003 auch die Lehre ziehen, dass Deutschland über ein stabiles kreditwirtschaftliches System aus privaten Geschäftsbanken, Genossenschaftsbanken und öffentlich-rechtlichen Sparkassen verfügt. Gerade die zwei Verbundgruppen - die Genossenschaftsbanken und die Sparkassen – haben im Wesentlichen zur Stabilisierung beigetragen, weil sie langfristig ausgerichtete Geschäftsstrategien verfolgen. Dadurch erzielen sie dauerhaft gute Ergebnisse ohne extreme Risikoschwankungen, welche vielfach kennzeichnend sind für die Geschäftsergebnisse privater Banken.

In dieser Phase gab es in Deutschland folglich keine Krise des Bankensystems, sondern eine Reihe von Banken befand sich in einer schwierigen Lage. Das Ausbleiben der vielfach befürchteten Kreditklemme ist ein Beleg dafür. Dass es dazu nicht kam, war vorwiegend auch das Verdienst der Institute der Sparkassen-Finanzgruppe. Nach Zahlen der Deutschen Bundesbank bauten Sparkassen und Landesbanken in den Jahren 1999 bis 2004 ihre Kreditvergabe an inländische Unternehmen und wirtschaftlich Selbständige von 340 auf 380 Milliarden Euro aus und steigerten dadurch ihren Marktanteil in diesem Bereich von 38 auf 43 Prozent. Die Großbanken dagegen reduzierten ihr Kreditengagement um 14 Milliarden Euro; ihr Marktanteil sank auf rd. 16 Prozent.

Neben einer gesicherten Kreditversorgung gehört zur hohen Leistungsfähigkeit der deutschen Kreditwirtschaft auch eine moderne Finanzinfrastruktur. Es wird immer wieder vergessen, dass Deutschland im internationalen Vergleich über eine moderne Finanzinfrastruktur verfügt. So weist die Initiative Finanzplatz Deutschland in einem ihrer Berichte darauf hin, dass

- Deutschland innerhalb Europas mit Abstand die höchste Zahl an Onlinenutzern besitzt.
- der Anteil an effizienten Zahlungsverfahren, wie zum Beispiel dem Lastschriftverfahren, in Deutschland mehr als doppelt so hoch ist wie in anderen europäischen Ländern.
- die Kosten in Deutschland deutlich niedriger sind. So ist in Deutschland beispielsweise die Wertpapierabwicklung mit am günstigsten.

Für ein dauerhaft funktionsfähiges und effizientes Finanzsystem sind hohe Stabilität und hohe Leistungsfähigkeit zwingend notwendig. Und genau dies sind auch die wesentlichen Merkmale unseres bewährten dreigliedrigen Bankensystems in Deutschland. Das belegen die Ergebnisse unterschiedlicher Studien. So attestiert die aus dem Jahr 2003 stammende und infolge eines stückweit enthaltenen Angriffs auf die Sparkassen-Finanzgruppe vielfach zitierte Untersuchung des Internationalen Währungsfonds dem deutschen Bankensystem gerade wegen seiner drei Säulen eine hohe Stabilität, eine hohe Wettbewerbsintensität und eine flächendeckende Versorgung.

Bestätigt wird die hohe Leistungsfähigkeit des deutschen Bankenmarktes auch durch das Ergebnis einer kürzlich von der Kreditanstalt für Wiederaufbau (KfW) herausgegebenen Studie. Weltweit stehen die deutschen Kreditinstitute bei der Steigerung ihrer Produktivität mit an der Spitze. Die Erklärung der KfW-Studie ist so einfach wie einleuchtend zugleich: Der intensive Wettbewerb in Deutschland sorgt für Effizienzsteigerungen bei den Kreditinstituten, die unmittelbar den Kunden zu Gute kommen, da Innovationen und Rationalisierungen in der Regel in Gestalt sinkender Preise weitergegeben werden. Kostensenkung allein ist in einem solch intensiven Wettbewerb, wie wir ihn in Deutschland haben, allerdings keine hinreichende Strategie für eine dauerhaft erfolgreiche Marktbearbeitung. Natürlich müssen die Institute ihre Kosten im Griff haben. Das ist die notwendige Bedingung für unternehmerischen Erfolg. Aber mindestens genauso entscheidend für die deutschen Kreditinstitute ist es, nach erfolgreicher Kostensenkung wieder über Strategien zur Ertragsstärkung zu verfügen. Hierfür gibt es in der deutschen Kreditwirtschaft sehr unterschiedliche Ansätze der Marktbearbeitung. Sie spiegeln sich auch in unterschiedlichen Organisationsformen wider: Es gibt Nischen- und Spezialanbieter. Dazu gehören zum Beispiel die in der jüngeren Vergangenheit entstandenen Direktbanken. Es gibt Großbanken, die den Typus der internationalen Universalbank repräsentieren. Daneben gibt es die Verbundgruppen von Sparkassen und Genossenschaftsbanken.

Es dürfte wenig überraschen, dass unterschiedliche strategische Ansätze auch zu unterschiedlichem Erfolg führen. Jedenfalls können die Sparkassen von sich behaupten, mit dem Verbund über ein erfolgreiches Geschäftsmodell zu verfügen. Die Sparkassen sind Marktführer: Drei Viertel aller privaten Haushalte und aller Unternehmen in Deutschland zählen zu ihrer Kundschaft. Der Marktanteil bezogen auf das Geschäftsvolumen beträgt fast 40 Prozent.

Die Sparkassen-Finanzgruppe hat sich bundesweit mit dem Strategiepapier gemeinsame betriebswirtschaftliche Zielvorgaben gesetzt. Diese werden bereits heute vielfach erreicht. In Baden-Württemberg wird von den 56 Sparkassen die Obergrenze für die Cost-Income-Ratio von 60 Prozent mit einem Durchschnittswert von 58,8 Prozent unterschritten. Damit sind die Sparkassen in Baden-Württemberg bundesweit Kostenführer unter den Sparkassen. Bei der Eigenkapitalrentabilität vor Steuern verfehlen die baden-württembergischen Sparkassen mit 10,8 Prozent dagegen die Zielmarke von 15 Prozent. Allerdings stockten die Sparkassen in Baden-Württemberg in den letzten fünf Jahren über die Bildung von Vorsorgereserven ihr Eigenkapital um etwa 30 Prozent auf. Diese Substanzstärkung verschlechtert rein rechnerisch die Eigenkapitalrentabilität und verzerrt den Erfolgsausweis. Vor diesem Hintergrund relativiert sich die Zielverfehlung der baden-württembergischen Sparkassen.

In einer Marktwirtschaft muss der Erfolg im Wettbewerb erarbeitet werden. Die Sparkassen sind sich dessen bewusst und handeln danach. Dabei sehen sie sich jedoch ständig den Forderungen nach Konsolidierung und Privatisierung ausgesetzt, die hauptsächlich von Seiten der börsennotierten Großbanken kommen. Das dahinterstehende Ziel ist eindeutig: Zerschlagung der Sparkassen-Finanzgruppe, um die eigene Rendite zu steigern.

Als Vorbild für eine Konsolidierung des deutschen Bankenmarktes wird dabei immer wieder Italien genannt. Wenn von Konsolidierung die Rede ist, muss man meines Erachtens jedoch auch die Frage stellen: Wozu denn Konsolidierung? Wo liegt der Vorteil der Konsolidierung? Wem soll das nützen, wo soll das hinführen? Führt Konsolidierung zu mehr Wettbewerb? Führt Konsolidierung zu höherem Kundennutzen, zu besseren und billigeren Produkten? Wo wir auch hinschauen in Europa ist genau das Gegenteil der Fall. Konsolidierung ist immer mit weniger Wettbewerb, mit mehr Ertrag für die Banken und mit Nachteilen für die Kunden verbunden. Für die Kunden bedeutet Konsolidierung schlechterer Service, schlechtere Konditionen und weniger Innovationen.

Beispiel Italien: In Italien wurde der Sparkassensektor sukzessive geöffnet und schließlich privatisiert. Hinzufügen muss man jedoch: Unter Abschottung des inländischen Marktes vor ausländischen Übernahmen durch die italienische Notenbank. So konnten zunächst größere Einheiten innerhalb Italiens entstehen. Es ist daher kein Wunder, wenn die Banken in Italien deutlich besser verdienen als in Deutschland. In Italien verlangen die Banken bis zum Fünffachen des hierzulande Üblichen. Zugleich hat über ein Fünftel der Bevölkerung kein Girokonto. Die Deutsche Bank verlangt in Italien 5 Euro für eine schlichte Überweisung und für die Kontoführung über 60 Prozent mehr als in Deutschland. Wo liegt also der Vorteil dieser Konsolidierung, vom Einzelinstitut einmal abgesehen, für den Markt, für die Volkswirtschaft, für den Kunden?

Aus diesem Grund erscheint eine Konsolidierung für Deutschland weder richtig noch vorteilhaft. Gleichzeitig kann die Frage gestellt werden, was diejenigen, die in Deutschland immer nach Konsolidierung rufen, dafür denn getan haben? Der Zusammenschluss von Deutsche Bank und Dresdner Bank ist nicht an der Sparkassenorganisation gescheitert, ebenso wenig eine mögliche Fusion von Deutsche Bank und Commerzbank. Die Deutsche Bank hat offensichtlich ihr Interesse am Heimatmarkt aufgegeben. Das zeigte auch ihr Desinteresse an einer Übernahme der Postbank. Die Commerzbank ist weiter auf der Suche. Und die HypoVereinsbank ist mittlerweile durch die italienische Unicredit übernommen worden.

Meine Meinung ist eindeutig: Eine Privatisierung von Sparkassen ist keine Lösung für den Markt. Wettbewerb ist keine Veranstaltung, um die eigenen Gewinne zu Lasten der Kunden zu verbessern. Wettbewerb ist ein effizientes Verfahren um das beste Geschäftsmodell aus Kundensicht. Nur wer sich konsequent am Kunden orientiert, mit seinem Geschäftsmodell dem Kunden den besten Nutzen verspricht, wird langfristig auskömmliche Erträge erwirtschaften. Die Sparkassen mit ihrem Verbund können selbstbewusst sagen, dass sie über ein im Markt erfolgreiches Geschäftsmodell verfügen. Es basiert auf einer flächendeckenden Präsenz, einem umfassenden leistungsfähigen Allfinanzangebot und einer breiten Kundengruppe, die alle Bevölkerungsgruppen und den gesamten Mittelstand umfasst. Man kann nicht davon ausgehen, dass private Geschäftsbanken mit ihren Übernahmenwünschen mehr als am Marktanteil der Sparkassen interessiert sind. Man mag sogar bezweifeln, dass sie diese Marktanteile überhaupt halten könnten. Warum? Weil sie weder eine am breiten Kundenkreis der Sparkassen ausgerichtete Geschäftspolitik betreiben, noch in den Regionen flächendeckend vertreten sind. Außerdem würden sie über den Kauf einzelner Sparkassen nicht den Verbund der Sparkassen-Finanzgruppe übernehmen, sondern ihn vielmehr zerschlagen. Das Ergebnis wäre, dass es die Sparkassen-Finanzgruppe als leistungsfähige Kreditinstitutsgruppe in Deutschland nicht mehr gäbe.

II. Herausforderungen im Bankenmarkt

Für die eigene Geschäftsstrategie ist jede Säule, ist jedes Kreditinstitut selbst im Wettbewerb verantwortlich. Jeder muss seine Hausaufgaben machen in einem Markt, der sich in den letzten Jahren rasant gewandelt hat. Deregulierung und Globalisierung der Finanzmärkte sowie der technische Fortschritt durch die Informations- und Kommunikationstechnologien haben zu fundamentalen Veränderungen der Bedingungen innerhalb der Kreditwirtschaft geführt. Diesbezüglich sind drei zentrale Punkte an dieser Stelle besonders zu erwähnen.

Erstens kann angenommen werden, dass künftig nicht mehr derjenige erfolgreich sein wird, der alles unter einem Dach selbst macht, sondern derjenige, der sich entlang der aufbrechenden Wertschöpfungskette auf seine Stärken spezialisiert – als Produzent, als vertriebsorientierte Einheit oder als Abwickler. Diese Spezialisierung hat einen Wettbewerbs- und Preisdruck im Bankenmarkt ausgelöst, der wiederum zu einer immer stärker ausdifferenzierten Arbeitsteilung und zu vermehrter Kooperation zwingt.

Zweitens drangen mit sinkenden Eintrittsbarrieren und steigender Kundenreichweite durch die modernen Informationstechnologien neue Wettbewerber in den Markt vor, wie Direktbanken, Handelsketten oder Autobanken. Unstrittig ist, dass sie den Wettbewerbsdruck erhöht haben. Unerwähnt bleibt jedoch in der Regel die aus volkswirtschaftlicher Sicht problematische Spaltung des Bankenmarktes durch diese neuen Anbieter. Als Anleger wird man umworben wie nie zuvor; die Möglichkeiten der Geldanlage haben sich deutlich erweitert. Wer jedoch einen gewerblichen Kredit möchte, hat es schwerer denn je. Das Erfolgsmodell der neuen Wettbewerber verzichtet auf den gewerblichen Kredit. Das ist ein legitimes Geschäftsmodell in einer Marktwirtschaft. Aber dadurch ist die Zahl der potentiellen Kreditgeber für mittelständische Unternehmen und Selbständige deutlich gesunken. Deshalb ist es genauso legitim zu fragen, wo eine Entwicklung volkswirtschaftlich hinführt, bei der das von den Anlegern eingesammelte Geld immer weniger in Form von Krediten an die heimische Wirtschaft zurückfließt. An diesem Punkt übernehmen die Sparkassen eine wichtige und unverzichtbare Funktion in unserer Volkswirtschaft. Das ist einer der Hauptgründe, weshalb die Politik richtigerweise an der Rechtsstruktur der Sparkassen und der Sparkassen-Finanzgruppe festhält.

Drittens sehen sich die Kreditinstitute einem grundlegend geänderten Kundenverhalten gegenüber durch das in allen Geschäftsbereichen der Erfolgsdruck gewachsen ist. So zeigen die Kunden heute nicht nur zunehmend die Bereitschaft zum Wechsel ihre Bankverbindung und zu Mehrfachbankverbindungen. Sie sind auch rendite- und risikoorientierter geworden. Gleichzeitig wollen die Kunden ein umfassendes Finanzdienstleistungsangebot und eine individuelle Beratung, die trotz aller technischen Möglichkeiten weiter vorrangig persönlich in der Filiale vor Ort erfolgen soll.

Dies alles verlangt von den Kreditinstituten mehr denn je einen Spagat zwischen der Präsenz auf internationalen Märkten und dem Ausnutzen der Vorteile zentraler, spezialisierter Einheiten einerseits sowie der Notwendigkeit nach Kundennähe und lokaler Ortsverbundenheit andererseits. Das ist jedoch im Kern eine Entwicklung, wie sie in den Verbundgruppen von Genossenschaftsbanken und Sparkassen seit jeher angelegt ist. Die Organisationsform des Sparkassenverbundes verbindet mit den Sparkassen vor Ort und ihrer Zusammenarbeit mit zentralen Verbundunternehmen die beiden anscheinend unvereinbaren Pole globaler Märkte und zentraler Lösungen mit Regionalität und lokaler Präsenz.

Der Verbund der Sparkassen-Finanzgruppe basiert auf einem Netzwerk dezentraler, unternehmerisch eigenständiger Sparkassen, die koordiniert und arbeitsteilig im Rahmen eines gemeinsamen Marktbearbeitungsansatzes mit den Verbundunternehmen zusammenarbeiten. So entsteht über den Verbund der Sparkassen-Finanzgruppe ein flächendeckendes Allfinanzangebot vor Ort, hinter dem eine betriebswirtschaftlich optimale Wertschöpfungskette steht. Dadurch steht der Verbund der Sparkassen-Finanzgruppe als Organisationsform zwischen dem zentralistischen Modell eines Konzerns mit einheitlicher Leitung und der reinen Kooperation eigenständiger Unternehmen am Markt.

Die Zusammenarbeit im Verbund hat Vorteile gegenüber den beiden anderen Ansätzen, die sich klar an der führenden Marktstellung der Sparkassen-Finanzgruppe zeigen. So sichert der Verbund Kundennähe und Vertriebsorientierung über die Sparkassen vor Ort. Gleichzeitig gestattet der Verbund die Bündelung von Mengengerüsten und damit die Realisierung von Skalenerträgen, insbesondere in Abwicklungsfunktionen wie der Wertpapierabwicklung oder der Informationstechnologie. Die drei zentralen IT-Einheiten der Sparkassen-Finanzgruppe gehören zum Beispiel zu den größten in Deutschland und in Europa.

Zudem ermöglicht der Verbund die Bündelung von Kompetenz und garantiert ein leistungsfähiges Allfinanzangebot: Mit der Deka im Wertpapiergeschäft, mit den Landesbanken im Bereich innovativer Finanzierungen und Kapitalmarktprodukte sowie als Bindeglied zu den internationalen Finanzmärkten, mit den Landesbausparkassen und den öffentlichen Versicherern im Bauspar- und Versicherungsgeschäft. Nicht vergessen werden darf zudem, dass der Zusammenschluss eigenständiger Unternehmen im Verbund die Risiken im Vergleich zu einem Konzern vermindert. Über die weitaus kleinteiligere Struktur in einem Verbund im Vergleich zu einem Konzern werden die Risiken auf viel mehr Schultern verteilt und gleichzeitig durch die unternehmerische Unabhängigkeit die Gefahr gleichgerichteten Handelns minimiert.

Allerdings kommen all diese Vorteile des Verbundes nur dann zum Tragen, wenn das Gesamtgefüge stimmt. Starke regional verankerte, eigenständige Sparkassen müssen mit wettbewerbsfähigen Verbundunternehmen intensiv und dabei koordiniert und arbeitsteilig zusammenarbeiten. In diesem Punkt waren in den letzten Jahren einige Ungleichgewichte zu verzeichnen. So wird zurzeit beispielsweise diskutiert, ob es vertikale Fusionen geben soll. Baden-Württemberg wird von manchen gar als ein Beispiel dafür hingestellt.

Im Folgenden soll dargestellt werden, wie in der baden-württembergischen Sparkassen-Finanzgruppe die Verbundunternehmen von Landesbank Baden-Württemberg, Landesbausparkasse Baden-Württemberg und SV SparkassenVersicherung zu zukunftsfähigen wettbewerbsstarken Einheiten gebündelt und ihre Zusammenarbeit im Verbund intensiviert wurden. Daraus geht auch deutlich hervor wie vor dem Hintergrund dieser spezifischen Situation die Rolle dezentraler eigenständiger Sparkassen im Verbund zu verstehen ist und gestärkt werden kann und weshalb Baden-Württemberg – mit der ganz eigenen historischen Entwicklung – kein Modell für andere Regionen ist.

III. Die Rolle regional verankerter eigenständiger Sparkassen in Baden-Württemberg

In Baden-Württemberg arbeiten heute 56 Sparkassen eng zusammen mit ihren regionalen Verbundunternehmen Landesbank Baden-Württemberg, Landesbausparkasse Baden-Württemberg und SV SparkassenVersicherung sowie überregional mit der DekaBank und der Deutschen Leasing. Über 60 Prozent aller Einwohner in Baden-Württemberg haben eine Geschäftsverbindung zur Sparkassen-Finanzgruppe. Mit einer Bilanzsumme von zusammengefasst 154 Milliarden Euro sind die Sparkassen in Baden-Württemberg eindeutiger Marktführer und bilden den größten Regionalverband in Deutschland.

In ihrer Geschäftstätigkeit unterliegen die Sparkassen dem Regionalprinzip. Das Geschäftsgebiet einer Sparkasse stimmt dadurch in der Regel mit dem Gebiet des jeweiligen Trägers überein. Allerdings war Baden-Württemberg lange Zeit die einzige Region in Deutschland mit einer Landessparkasse, die im Wettbewerb zu den Sparkassen stand und mittlerweile fester Bestandteil der Landesbank ist. Das Regionalprinzip der Sparkassen ist ein entscheidender Wettbewerbsvorteil, da aus der regionalen Verankerung der Sparkassen eine hohe Marktkenntnis, eine große Kundennähe und kurze Entscheidungswege resultieren. Die Sparkassen kennen dadurch ihre Kunden sehr genau, sie können deshalb flexibel am Markt auftreten und auf die jeweilige Marktsituation vor Ort schnell reagieren.

Was den Sparkassen jedoch gelegentlich fehlt, ist eine einheitliche Wahrnehmung ihrer Produkte, nicht als die billigsten, aber als die günstigsten bezogen auf das gebotene Preis-Leistungs-Verhältnis. Mit dem neuen gemeinsamen Ansatz der Marktbearbeitung werden die Sparkassen voraussichtlich bundesweit diese Lücke schließen. Die Sparkassen werden dazu im Bereich der Geldanlage, der Konsumentenkredite und der Wohnungsbaukredite bundesweit mit harmonisierten Produkten und einheitlichem Marketing antreten, jedoch nicht mit einheitlichen Preisen. Jede Sparkasse bleibt in ihrer Preissetzung frei und kann sich an den örtlichen Marktgegebenheiten orientieren. Selbstredend, dass dieses gemeinsame Vorgehen in einer dezentralen Organisation nicht unumstritten ist.

Aber es ist zunehmend unerlässlich, über eine gemeinsame bundesweite Anzeigenkampagne den Kunden einheitlich anzusprechen und dem Kunden die beworbenen Produkte überall bei jeder Sparkasse zu institutsindividuellen Konditionen anzubieten. Die Sparkassen müssen hier den Konzernen, die einheitlich am Markt auftreten, etwas entgegensetzen, ohne die Regionalität aufzugeben, ohne die Entscheidungsbefugnisse der einzelnen Institute vor Ort einzuschränken und ohne die unterschiedlichen Preisspielräume vor Ort zu verlieren.

Als Marktführer müssen wir unsere Kunden auch stärker an uns binden. Es geht im Gegensatz zu unseren Wettbewerbern nicht vorrangig darum, neue Kunden zu werben. Dennoch sind auch in unserer Gruppe immer wieder die Forderungen nach einer gemeinsamen Direktbank der Sparkassen mit bundesweitem Marktauftritt zu vernehmen.

In Baden-Württemberg werden diese Überlegungen als falsch erachtet. Vielmehr besteht die feste davon Überzeugung, dass gerade der Verbund ein attraktives, wettbewerbsfähiges und umfassendes Allfinanzangebot für unsere Kundschaft bietet. In diesem Zusammenhang kann auch auf den S-Broker, das zentrale Online-Discount-Brokerangebot der Sparkassen, verwiesen werden. Viele vermeintlich weitsichtige Berater hatten den Sparkassen vor einigen Jahren große Marktanteilsverluste vorausgesagt, wenn sie nicht möglichst schnell mit dem S-Broker auf den Markt kommen. Baden-Württemberg hat sich dennoch als einziger Regionalverband innerhalb der Sparkassenorganisation nicht am S-Broker beteiligt und mit S-Brokerage, dem gemeinsamen Online-Angebot im Wertpapiergeschäft von Landesbank Baden-Württemberg und baden-württembergischen Sparkassen, einen anderen Weg gewählt.

Der Vorteil von S-Brokerage ist, dass der Kunde bei seiner Sparkasse bleibt und jede Sparkasse die Preise für dieses Angebot selbst bestimmt. Im eigenen Kundenstamm wird so ein Kannibalisierungseffekt verhindert, der zwangsläufig durch ein zentrales Discountangebot entsteht. Der Erfolg gibt uns Recht: Wir haben bei S-Brokerage in Baden-Württemberg immer noch mehr Kunden als der bundesweit tätige S-Broker - und das vier Jahre nach Start des S-Brokers.

Dieses Beispiel zeigt einerseits, dass man auch in einer nahezu grenzenlosen IT-Welt erfolgreich regionale Lösungen finden und umsetzen kann. Andererseits bestand das Ziel auch darin, deutlich zu machen, dass die Sparkassen keine Discounter sind, sondern für ein faires Preis-Leistungsverhältnis mit hoher Qualität stehen. Sparkassen setzten auf die Kombination aus leistungsfähigen Produkten, Multikanalvertrieb, persönlicher Beratung und Erreichbarkeit in der Filiale.

Dass dies richtig war und ist, zeigt sich auch am Einsetzen eines gewissen Umdenkens in der Branche im Vergleich zu fünf oder sechs Jahren zuvor. Die Filiale gewinnt in spezialisierter Ausrichtung mittlerweile wieder als Bindeglied zum Kunden an Bedeutung. Als regional verankerte Sparkasse ist es wichtig, mit der Filiale vor Ort sowie dem dortigen persönlichen Ansprechpartner und Berater ein Gesicht gegenüber dem Kunden zu haben. In Baden-Württemberg sind die Sparkassen mit zirka 37.000 Beschäftigten in rund 2.600 Filialen vor Ort präsent. Das sind übrigens mehr Filialen als die Großbanken in ganz Deutschland zusammen besitzen.

Auch im Internetzeitalter besteht bei der überwiegenden Mehrzahl der Kunden weiter der Wunsch nach dem persönlichen und vertrauensvollen Gespräch in der Kunde-Bank-Beziehung. Diese Auffassung wurde jüngst bei der Eingliederung der Baden-Württembergischen Bank in die Landesbank Baden-Württemberg wieder bestätigt. Im Vorfeld gab es bei vielen Kunden nur ein Thema: Bleibt mein Berater? Der künftige Name der Bank war für die Kunden sekundär, und das, obwohl sich nach der Fusion zur Landesbank Baden-Württemberg und nun mit der Integration der Baden-Württembergischen Bank innerhalb von fünf Jahren für 900.000 Kunden der Name der Bank zum zweiten Mal geändert hat. Es gab beide Male keine Kundenverluste. Es konnten sogar in der Folge Kundenzuwächse verzeichnet werden. Das zeigt, wie wichtig die Kunde-Bank-Beziehung und wie entscheidend der enge Kontakt der Berater zu den Kunden ist.

Eine enge Kunde-Bank-Beziehung ist nach wie vor ein entscheidender Wettbewerbsvorteil der Sparkassenorganisation. Den großen Bankkonzernen fehlen im Unterschied zu den Sparkassen mit ihrem Verbundsystem diese Kundennähe und umfassende Kenntnis der jeweiligen örtlichen Marktbedingungen. Sie können sich außerdem auf die regionalen Märkte nicht differenziert einstellen, weil sie längere Entscheidungsprozeduren als eingeständige Sparkassen haben.

Neben der hohen Kundennähe ist die unternehmerische Selbständigkeit regional verankerter Sparkassen ein Vorteil. Sie zwingt den Vorstand, den geschäftlichen Erfolg eigenverantwortlich im Wettbewerb in seiner Region zu suchen. Das Regionalprinzip ist dabei wichtiger Anreizmechanismus für die Sparkassen, den Markt intensiv zu bearbeiten und auszuschöpfen. Denn jede Sparkasse muss gute Ergebnisse im eigenen Geschäftsgebiet erzielen, um am Markt bestehen zu können. Ein Ausweichen in andere Regionen ist nicht möglich. In einem Konzern können dagegen starke Geschäfts- oder Regionalbereiche schwächere Bereiche ausgleichen. Bei Sparkassen ist eine Quersubventionierung nicht möglich. Jedes Institut muss intensiv das eigene Geschäftsgebiet bearbeiten, auf lange Sicht und in der ganzen Breite. Sparkassen sind so auf das engste mit der wirtschaftlichen Entwicklung ihrer Region verknüpft.

Die Größe der Sparkasse spielt dabei aus unserer Sicht eine weniger wichtige Rolle, da der Verbund ein umfassendes Allfinanzangebot für alle Sparkassen ermöglicht. In Baden-Württemberg kommt die kleinste Sparkasse auf ein Bilanzvolumen von rund 300 Millionen Euro, die ehemalige Landesgirokasse als größte Sparkasse im Land wies eine Bilanzsumme von etwas über zwanzig Milliarden Euro auf. Aktuell hat die größte Sparkasse in Baden-Württemberg ein Bilanzvolumen von zehn Milliarden Euro.

Die unterschiedlichen Größenstrukturen der Sparkassen haben wir vor knapp 5 Jahren nach der Fusion des badischen und württembergischen Sparkassenverbandes zum Sparkassenverband Baden-Württemberg hinsichtlich ihrer Auswirkungen auf die Ertrags- und Kostensituation der Institute untersucht. Hintergrund sind die unterschiedlichen Größenstrukturen der Sparkassen in den ehemaligen Verbandsgebieten Württemberg und Baden. Baden ist geprägt von kleinen Einheiten, vornehmlich Bezirkssparkassen. In Württemberg dominieren die Kreissparkassen als große Einheiten.

Das Ergebnis dieser Untersuchung zeigt einen Kostennachteil kleinerer gegenüber größeren Sparkassen von durchschnittlich etwa 20 Prozent. Andererseits sind die kleineren Sparkassen am Markt aber oftmals genauso erfolgreich, weil sie auf der Ertragsseite besser dastehen. Sie kompensieren ihren Kostennachteil über eine intensivere Ausschöpfung des Marktpotentials. Für den betriebswirtschaftlichen Erfolg von Sparkassen ist somit die Größe allein nicht entscheidend. Entscheidend ist die enge Anbindung der Sparkasse an ihre Region. Das kann jedoch nur in einem Verbundsystem funktionieren. Denn ohne den Verbund, ohne den Rückgriff auf eine Landesbank, fehlen kleinen Instituten beispielsweise die Möglichkeiten, größere Kredite zu arrangieren oder innovative Finanzierungen zu ermöglichen. Das heißt, dass zur Erhaltung der heutigen Struktur mit kleineren und größeren Sparkassen zwangsläufig ein funktionierender starker Verbund benötigt wird.

Aus dieser Erfahrung heraus besteht in Baden-Württemberg auch klar eine abweisende Haltung zu Metropolsparkassen. In der Sparkassen-Finanzgruppe wurde vor einigen Jahren dieses Thema unter der Perspektive von am Ende zirka zehn Metropolsparkassen in ganz Deutschland diskutiert. Genauso wie Metropolsparkassen lehnen wir auch entschieden Holdingstrukturen für Sparkassen sowie vertikale Fusionen zwischen Landesbanken und Sparkassen ab.

IV. Bündelung der Kräfte im Verbund der Sparkassen-Finanzgruppe in Baden-Württemberg

Wenn die Ratingagentur Fitch, wie kürzlich geschehen, Baden-Württemberg als Modellfall für eine vertikale Fusion hält, wird dabei einiges durcheinander gebracht und falsch dargestellt. Die Landesbank Baden-Württemberg ist nicht aufgrund der Fusion mit der Landesgirokasse zur ertragsstärksten Landesbank geworden. Vielmehr war das Vorgängerinstitut der Landesbank Baden-Württemberg, die SüdwestLB, bereits die ertragsstärkste Landesbank. Die SüdwestLB war im Firmenkundengeschäft sehr stark. Das resultierte auch aus der besonderen Struktur der baden-württembergischen Wirtschaft mit starken und zum Teil sehr großen Mittelständlern. Die SüdwestLB betrieb dabei das Geschäft mit dem Mittelstand nie gegen, sondern immer mit den Sparkassen. Dabei nutzte die SüdwestLB das Marktpotential im Bereich der großen mittelständischen Unternehmen, bei denen auch größere Sparkassen mit sieben oder acht Milliarden Euro Bilanzvolumen nicht mehr alles alleine finanzieren konnten. Zudem vermied die SüdwestLB Abenteuer im Auslandsgeschäft oder im Investmentbanking. Die Fusion von SüdwestLB, Landesgirokasse und dem Marktteil der Landeskreditbank ist daher nicht der ausschlaggebende Faktor für die Ertragsstärke der Landesbank Baden-Württemberg.

Mit der Fusion wurde letztlich nur eine Gemengelage beseitigt, die auf das Jahr 1816 zurückgeht. In diesem Jahr gründete die damalige württembergische Königin Katharina eine Landessparkasse, ein Vorgängerinstitut der Landesgirokasse. Als Landessparkasse und später Landesgirokasse stand sie stets in Konkurrenz zu den örtlichen Sparkassen. In Baden-Württemberg gab es damit eine ähnliche Situation wie im genossenschaftliche Sektor mit der Sparda-Bank und den Volks- und Raiffeisenbanken.

Mehr als zwanzig Jahre wurde in Baden-Württemberg darüber diskutiert, zur Schaffung klarerer Strukturen die Landesgirokasse aus dem Sparkassenlager herauszulösen. Mit anderen Worten: Es wurde der Verkauf der Landesgirokasse an private Banken erwogen. Dadurch hätte die Sparkassenorganisation in Baden-Württemberg aber ihre größte Sparkasse mit den meisten Kunden verloren. Unter den Sparkassenvorständen gibt es bis heute manche Befürworter eines Verkaufs. Dabei wird jedoch übersehen, dass Größe auch Vorteile für alle hat, da höhere Mengengerüste in der Gruppe zu Skaleneffekten führen. Außerdem hätten wir mit dem Herauslösen der Landesgirokasse aus unserer Gruppe die Beteiligungen der Landesgirokasse an der Landesbank, an der SV Versicherung und an der Landesbausparkasse Baden-Württemberg auflösen und ausbezahlen müssen. Unsere Gruppe hätte damals einen Betrag in Milliardenhöhe für die Übernahme der Anteile der Landesgirokasse an den Verbundunternehmen aufbringen müssen.

Zudem hätte sich mit dem Wechsel der Landesgirokasse in das private Bankenlager nichts an der Wettbewerbssituation geändert. Der Wettbewerb bestünde genauso fort. Mit der Fusion haben wir den Wettbewerb eben weiter innerhalb der Gruppe, ebenso natürlich den dazugehörigen Ärger. Familienstreit ist ja bekanntlich meistens schwieriger zu schlichten. Aber über klare Strukturen, auch in den Gremien, besteht ein guter Verständigungs- und Einigungsrahmen, der trotz der Wettbewerbssituation sicherstellt, dass jeder seinen Markt hat.

Das Beispiel Baden-Württemberg zeigt, dass ein Neben- und Miteinander von Sparkassen und Landesbank mit Retailgeschäft organisiert werden kann und funktioniert. Und hierbei greifen in keiner Weise die Überlegungen zu vertikalen Fusionen, die die Zukunftssicherung von Landesbanken nach Wegfall von Anstaltslast und Gewährträgerhaftung im Blick haben. Deshalb muss nochmals betont werden, dass die Landesbank Baden-Württemberg ebenso wenig ein Beispiel für die Rettung einer Landesbank über die vertikale Fusion mit einer Sparkasse ist wie für die Stützung einer Sparkasse.

Die Landesbank Baden-Württemberg wird in den Medien oftmals auch wegen der vollständigen Übernahme der Baden-Württembergischen Bank erwähnt. Dabei wird zumeist der Vorwurf erhoben, in Baden-Württemberg hätte ein öffentlich-rechtliches Kreditinstitut eine Privatbank gekauft, was umgekehrt, nämlich der Kauf eines öffentlich-rechtlichen Kreditinstituts durch eine Privatbank, nicht möglich ist. Richtig ist: Die Baden-Württembergische Bank war Mitglied im Bundesverband deutscher Banken. Aber war sie aus diesem Grund wirklich schon das, was man unter einer Privatbank versteht? Bei genauerem Hinsehen müssen sich auch für die größten Kritiker Zweifel ergeben. So hat die Baden-Württembergische Bank bis in die 80er Jahre hinein zu drei Vierteln dem Land Baden-Württemberg gehört. Dann hat das Land erstmals Aktienanteile verkauft, allerdings an die landeseigene Landeskreditbank, um den Einfluss zu behalten. Erst später wurden weitere Anteile an Private verkauft. Im Ergebnis war die Baden-Württembergische Bank also seit jeher mehrheitlich im Besitz der öffentlichen Hand.

Zudem hat die Landesbank Baden-Württemberg die Baden-Württembergische Bank nicht etwa gegen den Willen der deutschen Großbanken übernommen. Vielmehr kam die Unternehmensgruppe Wüstenrot & Württembergische AG als mittlerweile einer der beiden großen privaten Eigentümer der Baden-Württembergischen Bank massiv mit einer Verkaufsofferte für ihr Aktienpaket von 25 Prozent an der Baden-Württembergischen Bank auf die Landesbank Baden-Württemberg zu. Als die Landesbank Baden-Württemberg dieses Aktienpaket übernommen hatte, wollte auch die zweite große private Eigentümergruppe um die Deutsche Bank ihr Aktienpaket von 25 Prozent unbedingt an die Landesbank Baden-Württemberg verkaufen. Kurz: Ohne das Einverständnis der Privatbanken hätte die Landesbank Baden-Württemberg die Baden-Württembergische Bank niemals kaufen können. Insofern ist dieser Deal nicht im Rahmen einer Auseinandersetzung, sondern im Einverständnis zwischen der privaten und öffentlich-rechtlichen Kreditinstitutsgruppe durchgeführt worden. Wenn es nur auf die Position der Landesbank Baden-Württemberg angekommen wäre, dann hätte sie die Baden-Württembergische Bank nicht übernommen. Denn die Landesbank Baden-Württemberg hatte nicht den Kauf einer Privatbank zum Ziel. Aber das Land Baden-Württemberg ist auch Träger der Landesbank Baden-Württemberg. Und das Land wollte nach dem Einstieg der Landesbank Baden-Württemberg bei der Baden-Württembergischen Bank sein Engagement bei der Baden-Württembergischen Bank mit seinem Engagement bei der Landesbank Baden-Württemberg bündeln. Als Ergebnis kann man festhalten: Ohne die Bereitschaft zur Übernahme der Baden-Württembergischen Bank durch die Landesbank Baden-Württemberg wäre die Baden-Württembergische Bank von einem anderen Interessenten übernommen worden, der eventuell nicht in Baden-Württemberg verwurzelt ist. Ob das besser gewesen wäre, sei dahingestellt.

Auch im Hinblick auf die Zusammenarbeit mit der Landesbank Rheinland-Pfalz bietet die Landesbank Baden-Württemberg eine Besonderheit unter den Landesbanken. Die Landesbank Rheinland-Pfalz ist seit Anfang 2005 eine 100prozentige Tochter der Landesbank Baden-Württemberg. Mit dieser Konstellation wird bewusst auf ein Marktmodell und auf keine Fusion gesetzt – ein Marktmodell, das für bestimmte Kennzahlen Schwellenwerte vorgibt. Solange diese Werte erreicht werden, bleibt die Landesbank Rheinland-Pfalz als eigenständiges Kreditinstitut am Markt. Werden diese Vorgaben nicht erreicht, so besteht die Option zur Fusion, ohne dass die Zustimmung der Länder erforderlich ist. Was man derzeit zum Beispiel über Bremen oder andere in den Medien lesen kann, ist in Baden-Württemberg ausgeschlossen. Es wird größten Wert auf die Freiheit in der Ausgestaltung der Geschäftspolitik und der strategischen Positionierung gelegt. Welchen Vorteil hat das für den Verbund? Durch die Bündelung der Verbundaktivitäten von Landesbank Baden-Württemberg und Landesbank Rheinland-Pfalz werden größere Mengen erzielt und es bestehen mehr Sparkassen als Abnehmer für die Landesbankprodukte.

Mit dieser Neugestaltung der Beziehung zur Landesbank Rheinland-Pfalz wurde auch das Ende einer anderen Ära zwischen den Landesbanken besiegelt. Ende der 80er, Anfang der 90er Jahre scheiterte der Vorschlag von McKinsey zur Schaffung einer großen deutschen Landesbank. In der Folge entstanden aber Minderheitsbeteiligungen unter den Landesbanken, um bei möglichen Veränderungen eine gute Ausgangsposition zu besitzen. Die WestLB und die damalige SüdwestLB beteiligten sich an der Landesbank Rheinland-Pfalz in Mainz und der damaligen Landesbank in Kiel. Über die Jahre zeigte sich allerdings, dass man mit Minderheitenbeteiligungen, auch wenn sie 49,9 Prozent betragen, keine vernünftige Zusammenarbeit erreicht.

Dennoch war im Nachhinein betrachtet das Beteiligungsgeflecht unter den Landesbanken nicht falsch. Man muss die Möglichkeiten der damaligen Zeit berücksichtigen. Und letztlich schuf dies auch die Voraussetzung, um die Landesbank Rheinland-Pfalz heute als 100prozentige Tochter in den Konzern der Landesbank Baden-Württemberg zu integrieren und zu einer engen Kooperation zu gelangen.

Da es in diesem Beitrag über die Zusammenarbeit im Verbund als Erfolgsmodell für die Sparkassen-Finanzgruppe geht, dürfen die anderen wichtigen baden-württembergischen Verbundpartner der Sparkassen nicht ausgespart werden. Die Landesbausparkasse Baden-Württemberg entstand im Jahr 2000 aus der Fusion der badischen und württembergischen Landesbausparkasse. Dadurch verfügt Baden-Württemberg heute über die zweitgrößte Landesbausparkasse mit der bundesweit höchsten Marktdurchdringung. Bei knapp 2 Millionen Verträgen und 1,35 Millionen Bausparern ist jeder achte Einwohner in Baden-Württemberg ein Bausparer der Landesbausparkasse. Die Landesbausparkasse Baden-Württemberg ist ein selbständiges Unternehmen.

Aufgrund dieser Besonderheit bot sich ihr die Chance der Zusammenarbeit mit anderen im Verbund. Das wurde genutzt. Der Sparkassenverband Baden-Württemberg übernahm Anfang dieses Jahres 20 Prozent an der Landesbausparkasse in Rheinland-Pfalz. Gerne wäre auch ein größeres Anteilspaket akquiriert bzw. und auch eine Fusion angestrebt worden, doch Rheinland-Pfalz wollte an einer eigenen Landesbausparkasse festhalten. Es lassen sich daher weiter Kostennachteile für die Landesbausparkassen im Vergleich zu Schwäbisch-Hall als zentrale Bausparkasse im genossenschaftlichen Verbund erkennen. Hier sind die Volks- und Raiffeisenbanken im Vorteil. Gegenüber den Privatbanken besteht jedoch immer noch ein signifikanter Vorsprung. Niemand unter den Privatbanken kann im Bausparbereich annähernd etwas Vergleichbares wie die Landesbausparkassen oder Schwäbisch Hall vorweisen. Erst Ende der 80er Jahre und zu Beginn der 90er Jahre sind die privaten Banken mit der Gründung eigener Bausparkassen in größerem Stil in das auch heute noch zukunftsträchtige Bauspargeschäft eingestiegen.

Im Versicherungsbereich ist die Gruppe der Öffentlichen Versicherer nach der Allianz die Nummer zwei unter den deutschen Versicherungsunternehmen. Das weiß in der Regel niemand, da hier mit 15 Erstversicherergruppen noch eine stärkere Zersplitterung vorherrscht als bei den Landesbausparkassen. Zur Bereinigung der zersplitterten Strukturen in Baden-Württemberg wurden im Jahr 2000 die operativen Einheiten der SV Versicherungen im badischen und württembergischen Landesteil unter dem Konzerndach der SV Holding AG gebündelt. Bereits einige Jahre zuvor, im Jahr 1994, wurde die staatliche Gebäudeversicherung übernommen, übrigens im Wettbewerb mit einigen privaten Interessenten. Da es unbestritten im Verbund eines leistungsfähigen Versicherers bedarf, beschritt man im Jahr 2004 Neuland mit der ersten länder- und verbandsübergreifenden Fusion bei den Öffentlichen Versicherern. Durch den Zusammenschluss der SV Versicherungen von Baden-Württemberg und Hessen-Nassau-Thüringen entstand die Nummer 2 unter den öffentlichen Versicherern im Lebens- und Sachversicherungsbereich, bundesweit die Nummer 3 unter allen Sachversicherern und die Nummer 1 in der Wohngebäudeversicherung in Deutschland. Mit rund 20 Millionen Einwohnern umfasst das Geschäftsgebiet der fusionierten SV SparkassenVersicherung etwa ein Viertel der deutschen Bevölkerung. Ziel dieser Fusion ist es, bis zum Jahr 2008 Synergieeffekte in der Größenordung von 80 Millionen Euro pro Jahr zu erzielen, ohne die regionale Verankerung zu verlieren.

V. Zusammenarbeit im Verbund der Sparkassen-Finanzgruppe in Baden-Württemberg

Für einen funktionierenden Verbund sind starke Verbundunternehmen, wie sie in Baden-Württemberg mit der Landesbank Baden-Württemberg, der Landesbausparkasse und der SV SparkassenVersicherung entstanden sind, unverzichtbar. Der Verbund der Sparkassen-Finanzgruppe erreicht seine volle Schlagkraft im Markt jedoch nur, wenn die Arbeitsteilung stimmt. Starke, regional eigenständige Sparkassen müssen dazu als vertriebsorientierte Einheiten mit wettbewerbsfähigen Verbundunternehmen als Produktspezialisten und zentralen Abwicklungseinheiten über eine intensive Zusammenarbeit zusammenfinden. Nur dann können Sparkassen ein kostengünstiges Allfinanzdienstleistungsangebot anbieten, und nur dann profitieren Sparkassen als Träger und Eigentümer von einer guten Entwicklung ihrer Verbundunternehmen.

Hier ist Baden-Württemberg zwar auf einem guten Weg. Dennoch ist noch eine erhebliche Wegstrecke zu beschreiten. Die Sparkassen in Baden-Württemberg vermitteln zwar rund zwei Drittel aller Bausparverträge der Landesbausparkasse Baden-Württemberg und über 70 Prozent aller Lebensversicherungen der SV SparkassenVersicherung. Aber von den Sparkassenkunden sind nur 30 Prozent Kunden der Landesbausparkasse Baden-Württemberg, knapp 13 Prozent Kunden der SV SparkassenVersicherung und lediglich 8 Prozent Kunden sowohl der SV SparkassenVersicherung als auch der Landesbausparkasse Baden-Württemberg. Diese Zahlen zeigen das große ungenutzte Cross-Selling-Potential der Sparkassen auf, das mit entsprechenden Vertriebsanstrengungen – Beispiele einzelner Häuser belegen dies immer wieder – besser ausgeschöpft werden kann. Niemand hat so viele Kunden und damit so viele Absatzchancen wie die Sparkassen. Die Sparkassen müssen daher den Cross-Selling-Gedanken noch stärker verinnerlichen.

Ungeachtet der Wettbewerbssituation besteht zwischen der Landesbank Baden-Württemberg und den baden-württembergischen Sparkassen seit jeher eine hohe Intensität der Zusammenarbeit. Die Verbundquote in der Refinanzierung beträgt bei den baden-württembergischen Sparkassen über 75 Prozent. Die Zusammenarbeit von Landesbank Baden-Württemberg und Sparkassen umfasst jedoch nicht nur die traditionellen Aspekte der Zentralbankfunktion wie Refinanzierung, Eigenanlagen der Sparkassen, gemeinsame Kreditvergabe oder Abwicklungsfunktionen im Wertpapiergeschäft. Vielmehr kamen in den letzten Jahren zunehmend die Entwicklung und Bereitstellung spezieller Produkte und Dienstleistungen für die Marktbearbeitung der Sparkassen in Bereichen wie Private Banking, Firmenkundengeschäft oder die Begleitung von Unternehmenskunden in das Ausland hinzu.

Eine enge Zusammenarbeit zwischen den baden-württembergischen Sparkassen und der Landesbank Baden-Württemberg ist daher grundsätzlich nichts Neues. Der Ende 2003 vereinbarte vertragliche Leistungsverbund zwischen Landesbank Baden-Württemberg und Sparkassen baut daher die enge Zusammenarbeit in erster Linie weiter aus und institutionalisiert sie stärker. Zugleich wurde natürlich auch das Geschäftsmodell der Landesbank Baden-Württemberg für die Zeit nach Wegfall der Gewährträgerhaftung und Modifizierung der Anstaltslast gestärkt. Derzeit umfasst der vertragliche Leistungsverbund zehn Felder der Zusammenarbeit, wie zum Beispiel Corporate Finance, Kreditrisikomanagement oder strukturierte Anlageprodukte. Eine Erweiterung ist jederzeit möglich.

Die grundsätzlichen Aspekte der Zusammenarbeit im Leistungsverbund sind in einer Rahmenvereinbarung zwischen dem SparkassenVerband Baden-Württemberg, den 56 Sparkassen in Baden-Württemberg und der Landesbank Baden-Württemberg geregelt. Unter dem Dach dieser Rahmenvereinbarung kann jede Sparkasse mit der Landesbank Baden-Württemberg je nach Bedarf in den einzelnen Feldern bilaterale Ausführungsverträge abschließen, die einheitlich für alle Sparkassen die Details regeln.

Da es den Sparkassen frei steht, das Leistungsangebot der Landesbank Baden-Württemberg zu nutzen oder nicht, muss das Angebot der Landesbank Baden-Württemberg hinsichtlich Qualität und Preis im Wettbewerb überzeugen. Erst dann empfiehlt sich die Landesbank Baden-Württemberg als präferierter Marktpartner für die Sparkassen. Die Abschlussquote der baden-württembergischen Sparkassen im vertraglichen Leistungsverbund von rund 70 Prozent belegt jedoch einmal mehr, dass die Landebank Baden-Württemberg ein starker Verbundpartner der Sparkassen ist und sich der vertragliche Leistungsverbund zu einem überzeugenden Erfolg entwickelt hat.

Mittlerweile wurde der vertragliche Leistungsverbund auch auf die Landesbank Rheinland-Pfalz und die Sparkassen in Rheinland-Pfalz übertragen. Mit dem vertraglichen Leistungsverbund wurde für alle Beteiligten eine win-win-Situation geschaffen. Die Landesbank Baden-Württemberg kann ihre Absatzmengen steigern und erhöht ihre Planungssicherheit durch vertraglich verbindliche Vereinbarungen. Die Ausweitung des Geschäfts mit den Sparkassen als wichtige Kundengruppe stärkt die Ertragsbasis der Landesbank Baden-Württemberg und sichert und stabilisiert ihr gutes Rating. Die Sparkassen ihrerseits erhalten ein verbessertes Leistungsangebot, sie profitieren bei höheren Absatzzahlen vom Kostendegressionseffekt und verfügen über eine solide Refinanzierungsbasis aufgrund eines stabilen und guten Ratings der Landesbank Baden-Württemberg auch nach Wegfall von Gewährträgerhaftung und Modifizierung der Anstaltslast.

VI. Fazit

Das Erfolgsmodell der Sparkassen-Finanzgruppe ist die intensive arbeitsteilige Zusammenarbeit von regional verankerten eigenständigen Sparkassen vor Ort und leistungsfähigen zentralen Verbundeinheiten in den Bereichen Produktion und Abwicklung. Dank dieses Verbundsystems verfügt jede Sparkasse vor Ort über das umfangreiche Angebot eines Allfinanzdienstleisters mit den günstigen Kostenstrukturen eines großen Konzerns. Parallel dazu profitieren die Sparkassen von ihrer Kundennähe und ihrer unternehmerischen Eigenständigkeit.

Die Zusammenarbeit im Verbund als Erfolgsmodell der Sparkassen-Finanzgruppe bestätigt auch der unabhängig von Anstaltslast und Gewährträgerhaftung erteilte sehr gute Rating-Floor A1 von Moody´s für die bundesweite Sparkassen-Finanzgruppe. Basis für die sehr gute Einschätzung der Gruppe und des Geschäftsmodells durch Moody´s sind der Verbund mit seinem hohen Grad an Kooperation und Gruppenzusammenhalt sowie der institutssichernde Haftungsverbund, der alle Kundengelder vollständig garantiert. Die Sparkassen-Finanzgruppe in Baden-Württemberg verfolgt auch in Zukunft das Ziel, die Leistungsfähigkeit dezentraler Sparkassen und ihrer Verbundunternehmen dauerhaft zu stärken und ungenutzte Potentiale in der Verbundzusammenarbeit auszuschöpfen.

Investment Banking für den Mittelstand – Herausforderungen für den genossenschaftlichen FinanzVerbund

DR. THOMAS DUHNKRACK

Mitglied des Vorstandes
DZ BANK AG

1. **Einführung**

2. **Mittelstand – Quo vadis**

3. **Investment Banking Produkte als Problemlöser mittelständischer Bedarfslagen**
    - 3.1. **Eigenkapitalmangel**
    - 3.2. **Nachfolgeproblematik**
    - 3.3. **Diversifizierung der Fremdkapitalseite**
    - 3.4. **Risikomanagement**
    - 3.5. **Internationalisierung**

4. **Herausforderungen bewältigt?**

5. **DZ BANK – Überblick**

1. Einführung

Die Bedeutung des Mittelstands für die deutsche Wirtschaft wird in nahezu jedem Beitrag über die wirtschaftliche Situation in Deutschland herausgestellt – und das mit Recht. „Wir brauchen Unternehmerpersönlichkeiten, die bereit sind, die volle unternehmerische Verantwortung und das volle unternehmerische Risiko auf sich zu nehmen. Die gibt es. Die gibt es vor allem im Mittelstand, bei Existenzgründern, Handwerkern und in kleinen und mittleren Betrieben" stellte auch Bundespräsident Horst Köhler anlässlich seiner Rede zum Tag der Deutschen Einheit am 03. Oktober 2004 fest. Die Frage „Wer oder was ist der Mittelstand?" ist allerdings nicht so leicht zu beantworten und die Definitionen fallen sehr unterschiedlich aus. Die EU-Kommission hat beispielsweise zum 1.Januar 2005 folgende Definition für kleine und mittlere Unternehmen (so genanntes KMU-Kriterium) eingeführt:

Kleinstunternehmen

- weniger als 10 Mitarbeiter und
- ein Jahresumsatz oder eine Jahresbilanzsumme von höchstens € 2 Mio.

Kleine Unternehmen

- weniger als 50 Mitarbeiter und
- ein Jahresumsatz oder eine Jahresbilanzsumme von höchstens € 10 Mio.

Mittlere Unternehmen

- weniger als 250 Mitarbeiter und
- ein Jahresumsatz von höchstens € 50 Mio. oder eine Jahresbilanzsumme von höchstens € 43 Mio.

Daneben existiert eine Vielzahl weiterer Definitionen, selbstverständlich auch von Banken. Und da zum heutigen Selbstverständnis jeder Bank auch die Betreuung mittelständischer Unternehmen zählt – nahezu jedes Haus bezeichnet sich auch als „Mittelstandsbank" – verwundert es nicht, auch hier verschiedene Definitionen des Begriffs „Mittelstand" zu finden. So beginnt der Mittelstand der Deutschen Bank bei € 25 Mio. Jahresumsatz, während das Mittelstandsgeschäft der in diesem Markt sehr engagierten Commerzbank ab € 2,5 Mio. Jahresumsatz anfängt.

Bei den Volks- und Raiffeisenbanken ist dies etwas anders gelagert. Dort findet, und das ist ein Strukturmerkmal des genossenschaftlichen FinanzVerbundes, dass Mittelstandsgeschäft zu 95% in einer Unternehmens- bzw. Umsatzgrößenklasse von bis zu € 5 Mio. statt. Eine Größenordnung, die man im Abgleich auch bei der Sparkassengruppe wieder findet. Aus diesen Beispielen wird ersichtlich, dass jeder von einem ganz anderen Mittelstand mit ganz anderen Bedarfsstrukturen spricht. Das Mittelstandsgeschäft der DZ BANK ist im Wesentlichen immer ein Gemeinschaftsgeschäft mit den Volksbanken und Raiffeisenbanken in Deutschland, dass weit über das reine Kreditgeschäft hinausgeht.

2. Mittelstand – Quo vadis

Zur Beschreibung der Ausgangssituation der Beziehung von Unternehmen und Banken ist die Betrachtung des Kreditmarktes für Firmenkunden in Deutschland, mithin der überwiegend mittelständischen Unternehmen, hilfreich. Um nun eine gewisse Systematisierung im Bereich dieses wohl „klassischsten" aller Bankprodukte für Unternehmen zu erreichen, bietet sich die Unterteilung des deutschen Bankenmarktes in seine gröbste und zugleich griffigste Form an, die so genannten drei Säulen, bestehend aus privaten, öffentlich-rechtlichen und genossenschaftlichen Kreditinstituten.

Der Kreditmarkt in Deutschland hat gemäß der Bankenstatistik der Deutschen Bundesbank ein Volumen von etwa € 1.000 Mrd. Der Löwenanteil von mehr als 50% dieses Volumens liegt bei den öffentlich-rechtlichen Kreditinstituten, also den Landesbanken und den Sparkassen. Die Kreditbanken, die, verglichen mit dem öffentlich-rechtlichen und genossenschaftlichen Verbund keine homogene Säule darstellen, da sie nicht als Verbundsystem organisiert sind, vereinen etwa ein Drittel des Kreditmarktes auf sich. In dieser Säule finden sich die deutschen Großbanken ebenso wieder wie Regionalbanken, sonstige Kreditinstitute sowie Zweigstellen ausländischer Banken. Die genossenschaftlichen Kreditinstitute weisen schließlich mit etwa 18% den geringsten Marktanteil auf – eine zunächst ernüchternde Feststellung.

Aber auch jede unerfreuliche Erkenntnis ist letztlich die Basis für geeignete Maßnahmen und die damit verbundene positive Botschaft: Der genossenschaftliche FinanzVerbund hat aufgrund seiner herausragenden Kundennähe deutliches Potenzial, sich noch stärker im Firmenkundengeschäft zu positionieren. In Teilbereichen ist dies bereits gelungen. So beträgt der Marktanteil im Geschäft mit Selbständigen (ein Teilbereich dieser Statistik mit einem Volumen von rd. € 350 Mrd.) etwa 29% und übertrifft damit bereits heute den Marktanteil des genossenschaftlichen FinanzVerbunds in Deutschland von 22%. Demgegenüber liegt der Marktanteil bei Unternehmenskunden bei lediglich 12 % – eine nicht zufriedenstellende Größenordnung.

Die Nachfrage nach Krediten unterliegt, ebenso wie die allgemeine Konjunktur, sehr unterschiedlichen Zyklen. Dabei lässt sich quer durch alle Säulen eine Gemeinsamkeit feststellen: Dem nahezu gleichlaufenden Aufbau der Kreditvolumina folgte der ebenso gleichlaufende Abbau derselben. Von einem oftmals befürchteten und kolportierten Credit Crunch konnte in

Deutschland aber zu keiner Zeit die Rede sein. Sicherlich haben die Banken eine große Flexibilität in der Anpassung an die Marktverhältnisse gezeigt, was nicht zuletzt ganz wesentlich der Risikosituation geschuldet war, die in den letzten Jahren deutliche Spuren in den Bankbilanzen, auch der genossenschaftlichen Kreditinstitute, hinterlassen hat. Eine Zahl soll dies verdeutlichen: Allein von 2000 bis 2004 haben deutsche Banken und Sparkassen mehr als € 100 Mrd. zur Risikovorsorge aufwenden müssen. Dieses in den Griff zu bekommen ist zunächst einmal, neben anderen Prozess- und Marktpositionierungsthemen, eine ganz wesentliche Voraussetzung, um nicht nur den eigenen Marktanteil im Firmenkundengeschäft zu verteidigen oder gar auszubauen, sondern auch Grundvoraussetzung für eine Verbesserung der Rentabilität des Kreditgeschäftes. Diese ist zurzeit bei allen Wettbewerbern nicht gegeben.

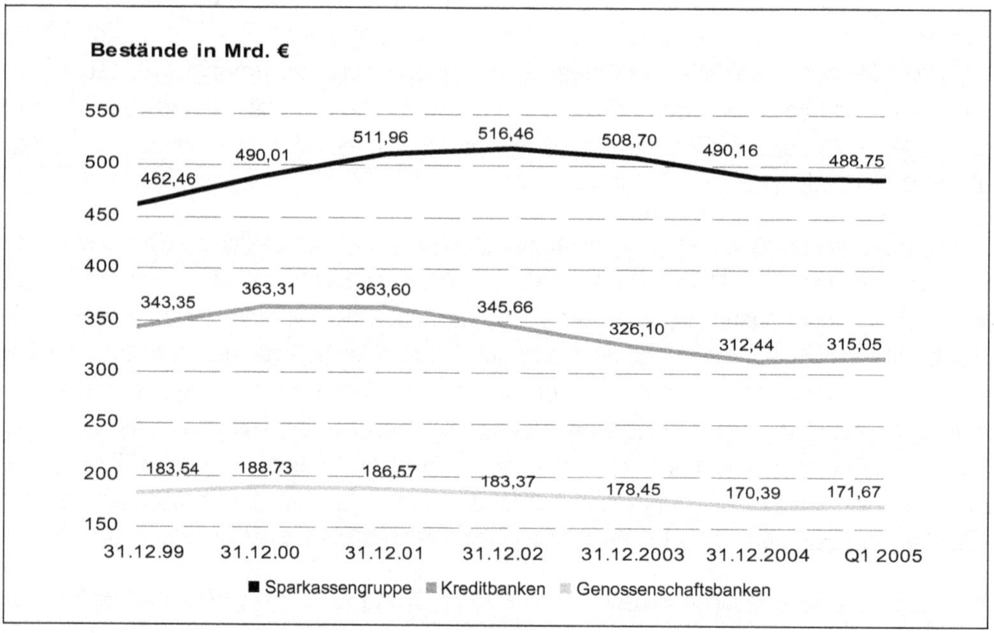

Abbildung 1: Kredite an Unternehmen und Selbstständige[1]

Um dies zu verdeutlichen, bietet sich eine Betrachtung der Preisentwicklung am Euro-Kreditmarkt der Jahre 2000 bis Mitte 2005 an. Am Beispiel der nach Rating-Klassen aufgeführten Margen ist zu erkennen, dass die Preisentwicklung insbesondere der Non- und Sub-Investmentgrades durch einen deutlichen Anstieg bis in das Jahr 2002/2003 gekennzeichnet war. Jedoch, und das kann hier als Kernaussage dienen, verdient das Kreditgeschäft nicht die Kapitalkosten. Dies trifft auf alle Bankengruppen zu und ist kein Phänomen der Genossenschaftsbanken. Es ist schlicht ein Faktum. Dies soll ein kleines Beispiel verdeutlichen. Wenn wir unterstellen, dass ein € 100 Kredit eine Kapitalunterlegung von € 8 verlangt, bei einer Kapi-

[1] Quelle: Deutsche Bundesbank, Bankenstatistik: Stand Sommer 2005, eigene Darstellung.

talverzinsung bzw. einem Verzinsungsanspruch von 12%, so müsste dieser Kredit alleine hierfür mit 96 Basispunkten bepreist sein. Und damit sind die Vertriebs- und Bearbeitungskosten und die Risikokosten noch nicht kalkuliert, die zusammen sicherlich zusätzliche 70-90 Basispunkte ausmachen.

Werden allerdings, wie aus Abbildung 2 ersichtlich, Unternehmen im Investment-Grade Bereich aktuell mit weniger als 50 Basispunkten bepreist, kann von einer auskömmlichen Marge nicht die Rede sein. Natürlich haben die unterschiedlichen Banken verschiedene Ertragsansprüche – und dies trotz der Tatsache, dass nach Wegfall von Anstaltslast und Gewährträgerhaftung mittlerweile alle drei Säulen des deutschen Bankenmarktes sich in etwa auf einem „Level Playing Field“ bewegen. So formuliert etwa die Deutsche Bank den Anspruch von 25% vor Steuern, bei der DZ BANK sind es 12% vor Steuern und einige Landesbanken erreichen heute schon etwa 12%-15% vor Steuern, eine, wie vereinzelt zu hören ist, für sie akzeptable Hausnummer. Es bleibt allerdings festzuhalten, je höher die jeweiligen Ziele formuliert werden, desto größer ist die Lücke, die sich bei isolierter Betrachtung aus der Kreditvergabe ergibt.

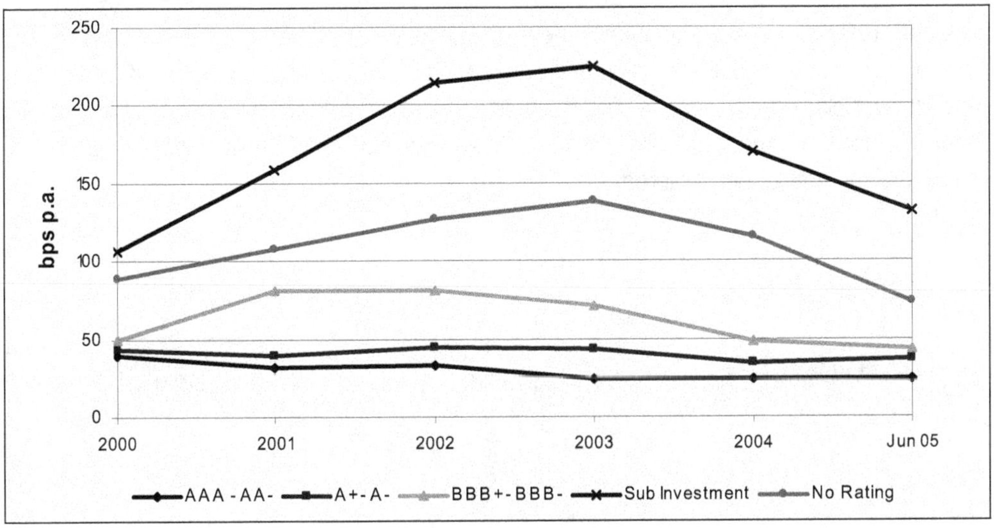

Abbildung 2: Preisentwicklung am Eurokreditmarkt[2]

Allerdings gilt, dass der deutsche Markt wie kaum ein anderer in Europa von einer sehr hohen Wettbewerbsintensität geprägt ist, in dem nicht nur deutsche Banken im Wettbewerb zueinander stehen, in den zunehmend auch Auslandsbanken drängen und in dem sich die KfW als Förderbank des Bundes als Mittelstandsbank positioniert und sich zunehmend als Wettbewerber der kommerziellen Banken entwickelt. An der KfW IPEX-Bank, die u.a. das Exportfinanzierungsgeschäft der KfW-Bankengruppe verantwortet, wird diese Entwicklung deutlich.

[2] Quelle: Dealogic Loanware , 07/2005, Universum von ca. 1.870 Transaktionen, eigene Darstellung.

Im Ergebnis besteht in Deutschland ein Käufermarkt, auf dem insbesondere gute Adressen im Firmenkundengeschäft letztendlich die Konditionen durchsetzen können, die sie durchsetzen möchten. Dieser seit Jahrzehnten in Deutschland existierende Käufermarkt führt dazu, dass der klassische Bankkredit faktisch zum Eigenkapitalersatz mutiert mit der hieraus resultierenden ernüchternden Erkenntnis, „Eigenkapital“ mit einer Marge von 50 Basispunkten zu vergeben. Dies ist ein sehr deutsches Problem. Wagt man einen Blick in das restliche Europa, so ist festzuhalten, dass die durchschnittliche Marge in UK, wo quasi nur noch fünf Banken miteinander im Wettbewerb stehen, im Firmenkundengeschäft ungefähr 250-300 Basispunkte und in Spanien 200-250 Basispunkte beträgt. Dort wird, im Gegensatz zu Deutschland, das dem Kreditgeschäft immanente Risiko angemessen bezahlt.

Zunehmend finanziert sich der Mittelstand jedoch nicht nur ausschließlich über Bankkredite. Eine „Sophistication“ der Mittelstandsfinanzierung ist zu beobachten, d.h. die Bereitschaft von Unternehmen steigt, sich neuen Finanzierungsformen zu öffnen. Sie betrachten ihre aktuelle Refinanzierungsbasis zunehmend differenzierter und stehen einer Diversifizierung ihrer zukünftigen Refinanzierungsstruktur aufgeschlossener gegenüber. Im Ergebnis bedeutet dies, dass der klassische Bankkredit immer mehr um andere Finanzierungsprodukte ergänzt wird. Unter diesem Blickwinkel lassen sich auch die aggressiven Konditionen bei der Kreditvergabe erklären. Der Bankkredit wird als Türöffner- bzw. Ankerprodukt in der Kundenbeziehung betrachtet in der Erwartung, an möglichen lukrativen Provisionserträgen aus Kapitalmarkt- bzw. Advisory Mandaten zu partizipieren.

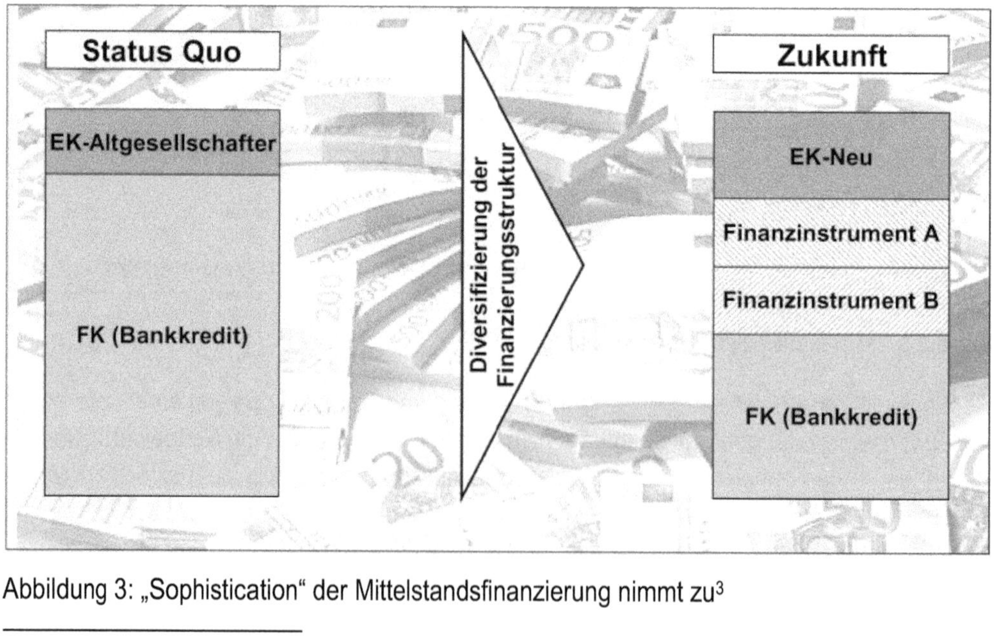

Abbildung 3: „Sophistication“ der Mittelstandsfinanzierung nimmt zu[3]

[3] Eigene Darstellung.

Das am deutschen Kreditmarkt wieder zu beobachtende alte „Konditionenspiel" beim Bankkredit, bei dem man sich immer auf dem nächst niedrigeren Niveau trifft, ist zweifelsohne gut für den Kunden. Andererseits ist dies für das Kreditgewerbe sicherlich auch ein stetiger marktseitiger Impuls, immer wieder über Produkte zur Diversifikation der Refinanzierungsseite der Firmenkunden nachzudenken. Produktinnovationen ermöglichen in einem verteilten Markt, der durch starken Wettbewerb gekennzeichnet ist, sich zu differenzieren und somit Marktanteile zu generieren, jenseits eines Wettbewerbs über den Preis. Der guten Ordnung halber soll erwähnt werden, dass das Verhalten der Unternehmen in Deutschland, und damit natürlich auch im Wesentlichen der Mittelständler bezüglich einer verstärkten Differenzierung ihrer Finanzierungsstruktur durchaus einer Ratio unterliegt, da die Art der Finanzierung Wachstum unterstützen kann.

Dies belegt eine Studie von Ernst & Young (Wege zum Wachstum, 2005), in der 1.000 Unternehmen in Deutschland befragt wurden. Sie kommt zu dem Ergebnis, dass Unternehmen, die sich ausschließlich über klassische Instrumente, wie den Bankkredit, finanzieren, durchschnittlich in der Umsatzentwicklung um fast 3% zurückfallen. Unternehmen, die eine diversifizierte Finanzierungsstruktur aufweisen, sind mit fast 9% deutlich im Wachstum gestiegen. Insofern kann dies als Indiz dienen, dass die Art der Finanzierung durchaus Wachstum unterstützen kann. Im weiteren Verlauf dieses Beitrags wird anhand einiger konkreter Fallbeispiele aufgezeigt, wie die DZ BANK mit Investment Banking oder mit investmentbankingnahen Produkten effektive, zielorientierte und maßgeschneiderte Problemlösungen für den mittelständischen Kunden darstellen kann.

3. Investment Banking Produkte als Problemlöser mittelständischer Bedarfslagen

3.1. Eigenkapitalmangel

Führt man sich die Eigenkapitalquoten deutscher mittelständischer Unternehmen vor Augen, so kommt man nicht umhin, diese als durchschnittlich völlig unzureichend zu bezeichnen. Eine detaillierte Analyse von Zahlen der Creditreform zeigt anhand verschiedener Eigenkapitalquoten-Klassen, dass rund 60% der mittelständischen Unternehmen eine Eigenkapitalquote von unter 20% aufweisen, 37% davon sogar von unter 10%.

Das ist nicht ausreichend, um insbesondere Krisensituationen zu überstehen oder den in einigen Branchen stattfindenden oder sich abzeichnenden notwendigen Strukturwandel zu meistern. Die Insolvenzstatistiken sprechen hier eine deutliche Sprache. Da sich mittelständische Unternehmen oftmals überwiegend im deutschen Markt bewegen, sind sie der derzeitigen schwierigen Konjunktursituation voll ausgesetzt. Diese durchzustehen ist natürlich mit einem viel zu hohen Leverage bzw. einer komplett unangemessenen Eigenkapitalquote kaum möglich. Allerdings haben die Banken ganz offensichtlich an diesem Leverage kräftig mitgearbeitet und haben schlussendlich das Fremdkapital zur Verfügung gestellt im Bestreben, bei der Verteilung der Marktanteile dabei zu sein.

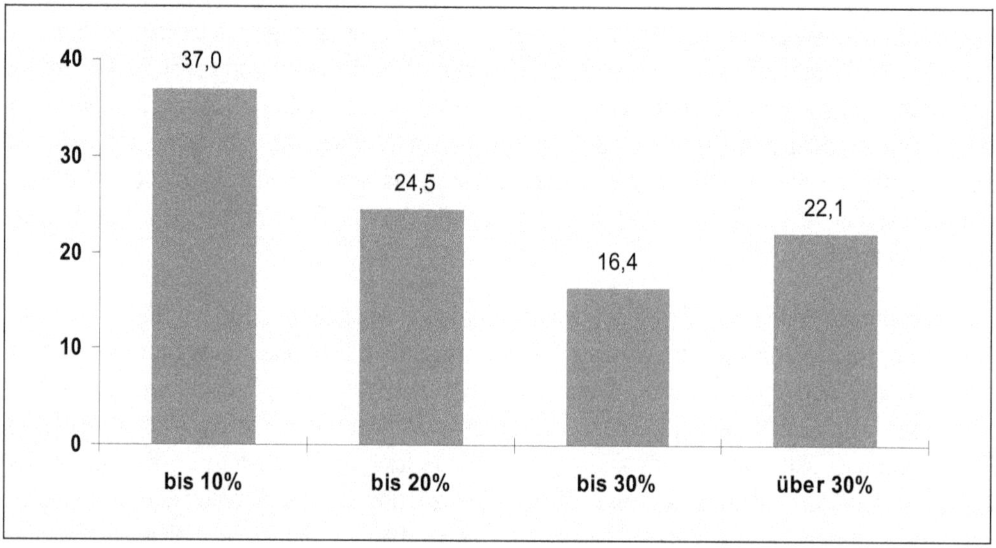

Abbildung 4: Anteil deutscher mittelständischer Unternehmen an verschiedenen Eigenkapitalquoten-Klassen[4]

Welche Problemlösungen bietet nun das Investment Banking diesbezüglich für den Mittelstand an? Betrachten wir zunächst Corporate Advisory, also die Beratung von Unternehmen, bei Eigenkapitalmaßnahmen oder Unternehmenskauf- oder Verkaufprojekten. Corporate Advisory Mandatierungen liegen in der Regel feste Vertrags- und Provisionsvereinbarungen zugrunde. Der Mittelstand ist allerdings oft nicht bereit, für Beratungsleistungen zu zahlen. Im Übrigen ist der Projektumfang bei kleineren Mittelständlern häufig zu gering, so dass der Einsatz teurer Spezialisten nicht wirtschaftlich wäre.

Im Großkundengeschäft spielt diese Thematik eher eine untergeordnete Rolle, da die Beratung einerseits über die Margen bezahlt wird und andererseits mittels Cross Selling über das gesamte Produktangebot, dass mit dem jeweiligen Kunden erzielt wird, abgegolten wird. Auf den Punkt gebracht kann festgehalten werden, dass die Größe des Unternehmens mit dem Spektrum der Produktnutzung korreliert und damit die Möglichkeiten der Bank erhöht, eine Kundenverbindung profitabel zu gestalten. Dies wird bei kleineren Adressen immer schwieriger, was bankseitig die Notwendigkeit zur Standardisierung von Produkten oder Prozessen auslöst.

[4] Quelle: Creditreform, Stand Frühjahr 2005.

Der Börsengang ist natürlich als prominenteste Möglichkeit zu nennen, um sich Eigenkapital zu beschaffen und ist durchaus auch eine Option für wachstumsstarke oder größere mittelständische Unternehmen, letztendlich aber immer eine Einzelfallentscheidung. Dieser „Königsweg" erfordert allerdings auch außerordentliches Umdenken in einem mittelständischen Unternehmen. Die meist familiengeführten oder familiendominierten Unternehmen sehen sich plötzlich mit umfangreichen Transparenzanforderungen konfrontiert. Ein Börsengang ist nun einmal keine Einbahnstrasse, auf der nur das Geld vom Investor zum Emittent fließt. Die Investoren erwarten zu Recht als Gegenleistung Informationen, da sie als Eigenkapitalgeber das unternehmerische Risiko mittragen. Ein Umstand, dem es sich im Vorfeld eines IPOs zu stellen gilt, da dies für die Familienunternehmen oftmals einer „Kulturrevolution" gleichkommt.

Das in seinen Anforderungen neue Börsensegment „Entry Standard" hilft, die erweiterten Anforderungen eines „Prime Standard", um ein Beispiel zu nennen, deutlich zu reduzieren. Aktuell sehen wir daher gerade im Entry Standard viele neue Börsennotierungen, die Wachstum finanzieren sollen, gerade auch von kleinen Unternehmen. Allerdings muss darauf geachtet werden, dass Exzesse, wie sie zu Zeiten des Neuen Marktes zu beobachten waren, sich nicht wiederholen. Hier sind alle Marktteilnehmer gefordert. Es gibt aber auch gegenläufige Bewegungen, die nicht unerwähnt bleiben sollen. So streben vermehrt börsennotierte Familienunternehmen ein „Delisting" an, da insbesondere die erforderlichen Reportingerfordernisse als überzogen erachtet werden oder auch kein direkter Nutzen mehr aus einer Börsennotierung, z.B. bei zu geringem Fee Float, abgeleitet werden kann.

Neben einem Börsengang bietet sich, je nach Bedarfslage, auch eine Partnerschaft auf Zeit in Form einer Beteiligungsfinanzierung an. Diese Ehe auf Zeit, wie man die Situation plakativ beschreiben kann, ist gerade bei familiengeführten Unternehmen oftmals passgenauer als ein IPO, da es zu keinen substanziellen Veränderungen der grundsätzlichen Unternehmenskultur führt. Dies trifft im Besonderen auf Minderheitsbeteiligungen oder Nachrangfinanzierungen zu, da hier die Möglichkeiten der Investoren relativ gering sind, auf Entscheidungen Einfluss zu nehmen. Hier ist ein für Banken hochinteressanter Markt entstanden, der jedoch am kleinteiligeren Ende unter Kostenaspekten nur schwer zu bearbeiten ist. Standardisierungsmöglichkeiten bieten sich als Lösungsansatz an.

Als Beispiel kann hier der IFD HessenFonds genannt werden, mit dessen Management die Private Equity Tochtergesellschaft der DZ BANK, die DZ Equity Partner, betraut wurde. Der Fonds, der von sechs Banken aus dem Kreis der „Initiative Finanzstandort Deutschland IFD" und dem Land Hessen unterstützt wird, wurde als Pilotprojekt im Frühjahr 2005 gestartet. Dieser soll den breiten Mittelstand beim Eigenkapitalaufbau unterstützen und somit einen wichtigen Beitrag zur Sicherung des zukünftigen Wachstums dieser Unternehmen leisten. Der Fonds stellt mittelständischen hessischen Firmen eigenkapitalähnliche Mittel in Größenordnungen zwischen € 1 und 5 Mio. zur Verfügung (Mezzanine-Kapital). Dies geschieht in Form von stillen Beteiligungen und anderen nachrangigen Finanzierungsinstrumenten, die als wirtschaftliches Eigenkapital gelten. Das Fondsvolumen von 53 Mio. Euro wird gemeinsam von Commerzbank, Deutsche Bank, DZ BANK, KfW, Landesbank Hessen-Thüringen und Morgan Stanley bereitgestellt.

Mezzanine Finanzierungsformen erlebten in der nahen Vergangenheit sowohl auf der Angebots- wie auf der Nachfrageseite eine wahre Renaissance. Die Produktpalette erlaubt dank vielfältiger Strukturierungsmöglichkeiten eine maßgeschneiderte Anpassung an die Bedürfnisse des jeweiligen Unternehmens. So ist es bei entsprechender Ausgestaltung mittels Genussscheinen möglich, eine Anerkennung des Kapitals als Eigenkapital gemäß den internationalen Rechnungslegungsstandards IFRS zu erreichen. Neben Genussscheinen lässt sich dies auch durch die Emission eines Hybridbonds, wie den der Südzucker AG darstellen. Hybridbonds sind als Perpetuals strukturiert, also Papiere mit (theoretisch) unendlicher Laufzeit, die nur durch den Emittenten kündbar sind und nicht zuletzt dadurch dem Eigenkapital zugerechnet werden. Weitere klassischere Mezzanine-Produkte wie Nachrangkapital, stille Beteiligungen sowie Wandelanleihen, Optionsanleihen und Umtauschanleihen runden das breit gefächerte Instrumentarium ab. Im Ergebnis gibt es eine Vielzahl von Instrumenten, die der Markt je nach Bedarfslage bereithält, welche allerdings vollumfänglich nicht für jedes Unternehmen verfügbar sind – auch nicht für jede Bonität.

Hier sollen lediglich zwei Beispiele für Mezzanine Programme genannt werden. Dies ist zum einen das von der HVB Bank aufgelegte Preps-Programm, eine Verbriefungslösung, die Mezzanine Kapital zur Verfügung stellt. Die DZ BANK hat mit GEMIT, einem Genussscheinkapitalfonds für den Mittelstand, ein Produkt mit ähnlicher Zielsetzung lanciert. Der GEMIT-Fonds hat € 350 Mio. bei verschiedenen Finanzinvestoren, insbesondere Versicherungsgesellschaften, eingesammelt, die anschließend in Unternehmen „abinvestiert" wurden. Da Genussscheinkapital aus dem GEMIT-Fonds dem Eigenkapital zugerechnet wird, handelt es sich hierbei ebenfalls um einen Problemlöser für die Eigenkapitalproblematik des Mittelstands.

Der guten Ordnung halber sollen bilanzentlastende Maßnahmen in dieser Aufzählung nicht vergessen werden. Leasing (VR-LEASING AG) und Factoring (VR FACTOREM GmbH) werden eingesetzt, um durch eine Entlastung der Aktivseite bessere Bilanzrelationen herzustellen. Hierauf soll jedoch im Einzelnen nicht näher eingegangen werden, da es sich hier um Alternativen zum klassischen Kredit, nicht aber um Investment Banking Produkte handelt. Weiter unten wird noch das Thema Asset Backed Securitization (ABS) näher betrachtet, da diese aus Investorensicht als Fixed Income Produkt zunehmend an Bedeutung gewinnt und ebenfalls dazu dient, Bilanzentlastung zu betreiben.

An einigen Fallbeispielen soll der Einsatz von Investment Banking Produkten veranschaulicht werden. Das erste Fallbeispiel zeigt eine Kapitalerhöhung der Funkwerk AG. Hauptzielsetzung war die Finanzierung internen Wachstums. Dabei sollte insbesondere in Forschung und Entwicklung investiert werden. Neben der Erweiterung der Entwicklungsaktivitäten sollten die Mittel darüber hinaus zum Ausbau neuer Geschäftsfelder eingesetzt werden. Als ein weiterer Aspekt war zu berücksichtigen, dass sich die Funkwerk AG die Erhöhung des Free Flows zum Ziel gesetzt hatte, um eine Aufnahme in den TecDAX und damit eine höhere Kapitalmarktvisibilität erreichen zu können. Die Eckdaten der Struktur waren eine Kapitalerhöhung aus dem bereits bestehenden genehmigten Kapital unter Ausschluss des Bezugsrechts. Das Konsortium führten die DZ BANK und die Commerzbank als Joint Lead-Manager. Diese Transaktion ist auch deshalb interessant, weil sie mittels eines Accelerated Bookbuilding, also innerhalb einer sehr kurzen Zeitspanne, durchgeführt worden ist. Die Aktien wurden innerhalb von rund 30 Minuten vollständig platziert. Die Zuteilung fokussiert sich auf den deutschsprachigen Raum und England. Durch einen minimalen Abschlag von 3% gegenüber dem Schusskurs vom 26. Februar 2004 konnte der Emissionserlös maximiert werden. Das Emissionsvolumen betrug € 18,7 Mio. Die Aufnahme des Unternehmens in den TecDAX erfolgte im September des gleichen Jahres. Ein geradezu mustergültiges Beispiel, Kapitalmarktüberlegungen mit Überlegungen der Wachstumsfinanzierung zu verbinden. Und ebenfalls ein gutes Beispiel für eine wesentliche und volkswirtschaftlich wichtige Funktion, die Börsen zu erfüllen haben – die Versorgung von wachstumsstarken Unternehmen mit (Risiko-)Kapital.

Das nächste Fallbeispiel vom August 2005 beschreibt eine Mezzanine-Finanzierung. Der Fall ist anonymisiert, da es sich um ein nicht börsennotiertes Unternehmen handelt, mit dem Vertraulichkeit bzgl. der Einzelheiten der Transaktion vereinbart wurde. Auch bei dieser Transaktion war das Ziel in erster Linie, internes Wachstum zu finanzieren. Die Mittel sollten zum Ausbau der Marktführerschaft in allen Geschäftsfeldern, den Einstieg in ein neues Geschäftsfeld, sowie zur Restrukturierung der Passivseite der Bilanz verwendet werden. Es ging also auch darum, den Leverage zu verringern und das Eigenkapital und somit die Bilanzstruktur zu verbessern. Strukturiert wurde diese Finanzierung als typisch stille Beteiligung mit einem Nominalvolumen von € 10 Mio. – also auch in einer mittelständischen Größenordnung. Diese Mezzanine-Finanzierung hat eine Laufzeit bis 2012 und ist mit 8% p.a. fix zuzüglich einer gewinnabhängigen Komponente von 4% p.a. bepreist. Die Bereitstellung des Nominalvolumens erfolgte durch die DZ BANK Tochter DZ Equity Partner. Die Transaktion wurde zwischen April und August 2005 durchgeführt.

Solche Transaktionen benötigen immer einen gewissen zeitlichen Vorlauf, insbesondere dann, wenn eine Due Diligence durchgeführt wird. Eigene Erfahrungen zeigen, dass eine Due Diligence letztendlich seitens der Unternehmen nicht nur als Belastung empfunden wird. Der Mehrwert wird häufig darin gesehen, dass neue Ansatzpunkte für den Fortgang der Geschäfts- bzw. Strategieentwicklung gewonnen werden können – durch die Außenansicht eines kompetenten Dritten auf das Unternehmen. Der Erfolg der Transaktion zeigte sich nicht zuletzt in der erfreulichen Tatsache, dass das Unternehmen ein externes Investmentgrade Rating erhalten hat. Dieses war wiederum die Basis für eine zusätzliche günstige Eigenkapitalfinanzierung in Höhe von € 15 Mio. für das Unternehmen. Bei der Einholung eines externen Ratings sollte man sich bewusst sein, dass man dies faktisch fortschreiben muss. Es handelt sich also nicht um eine einmalige Angelegenheit, sondern um einen fortlaufenden und stetigen Prozess. Dies ist einleuchtend, wenn man sich vor Augen führt, zu welchem Schluss ein Investor bei einem Aussetzen der Fortschreibung des Ratings gelangen muss: Das Unternehmen hat etwas zu verbergen. Im Ergebnis dieses Fallbeispiels steht als Lösungsansatz für eine notwendige Eigenkapitalfinanzierung eine typische stille Beteiligung zur Verbesserung der Bilanzstruktur und damit zur Eröffnung weiterer Wachstumsmöglichkeiten.

Eine weitere Möglichkeit der Eigenkapitalfinanzierung soll mittels einer Genussscheinfinanzierung aufgezeigt werden. Grund für die notwendige Finanzierung war die Ablösung eines familienfremden Gesellschafters mit dem Ziel, den Einstieg eines Wettbewerbers in das Unternehmen zu verhindern. Eine Vorkaufsrechtvereinbarung existierte nicht. Gemeistert wurde diese Herausforderung, indem zur Finanzierung ein Genussschein mit einem Volumen von € 7 Mio. und einer Laufzeit bis 2013 mit voller gewinnabhängiger Vergütung von 8,2% p.a. strukturiert wurde. Eine voll gewinnabhängige Vergütung ist notwendig, um den Eigenkapitalcharakter zu betonen und in Verlustsituationen den Verzinsungsanspruch des Genussscheins auszusetzen. Mit einer voll gewinnabhängigen Vergütung von 8,2% p.a. konnte eine äußerst günstige (quasi) Eigenkapitalbeschaffung dargestellt werden. Die Bereitstellung dieses Genussscheins erfolgte aus dem bereits erwähnten Genussscheinfonds GEMIT der DZ BANK. Die Ablösung des externen Gesellschafters ist gelungen. Die in Frage stehenden 24,9% wurden übertragen – damit befindet sich das Unternehmen zu 100% in Familienbesitz. Mitspracherechte Dritter bei strategischen Entscheidungen sind somit nicht entstanden. Der zeitliche Rahmen der Transaktion betrug etwa 4 Monate.

3.2. Nachfolgeproblematik

Neben der Eigenkapitalthematik ist die Nachfolgeproblematik ein weiteres wichtiges Thema für den Mittelstand und bietet zugleich auch Geschäftsansatzpunkte für Banken. Dabei ist Nachfolge nichts, was man üben kann. Sie ist im Leben eines jeden Unternehmers einmalig. Für einen Unternehmer, der sein Lebenswerk irgendwann in andere Hände übergeben muss, vielleicht in die Hände der nächsten Generation oder aber in die Hände von Dritten, ist dies sehr oft ein schwieriger Schritt. Es gibt genügend Fälle in denen dies misslang, vor allem mit schmerzhaften Folgen für die Unternehmer bzw. das Unternehmen, aber eben manchmal auch für Banken. Es ist also ein Themenkomplex, der beizeiten geordnet und strukturiert werden muss und bei dem Banken und/oder andere Partner einen wichtigen Beitrag leisten können.

Von Unternehmensnachfolgefragen ist in den nächsten fünf Jahren eine große Anzahl von Familienunternehmen betroffen. So geht das Institut für Mittelstandsforschung (IfM) von jährlich ca. 71.000 Unternehmen aus, bei denen Nachfolgefragen zu lösen sind. Interessant ist die Struktur der Nachfolgelösungen. So gehen die Forscher des IfM davon aus, dass 31.000 der oben genannten knapp 71.000 Unternehmen an Familienmitglieder weitergegeben werden. Somit bleibt die klassische Familiennachfolge der häufigste Lösungsansatz. Immerhin 15.000 Unternehmen gehen in den Verkauf, an Mitarbeiter und externe Führungskräfte werden 19.000 Unternehmen weitergereicht werden. Von einer Stilllegung mangels Nachfolger werden etwa 6.000 Unternehmen betroffen sein. Hiervon sind bedauerlicherweise oftmals Unternehmen aus den Segmenten Handwerk oder (Klein-)Gewerbe betroffen, wo das Investment Banking keine Lösungen anbieten kann, da aufgrund der Größenklasse dieser Unternehmen die Kosten von Investment Banking-Produkten ökonomisch nicht zu rechtfertigen wären.

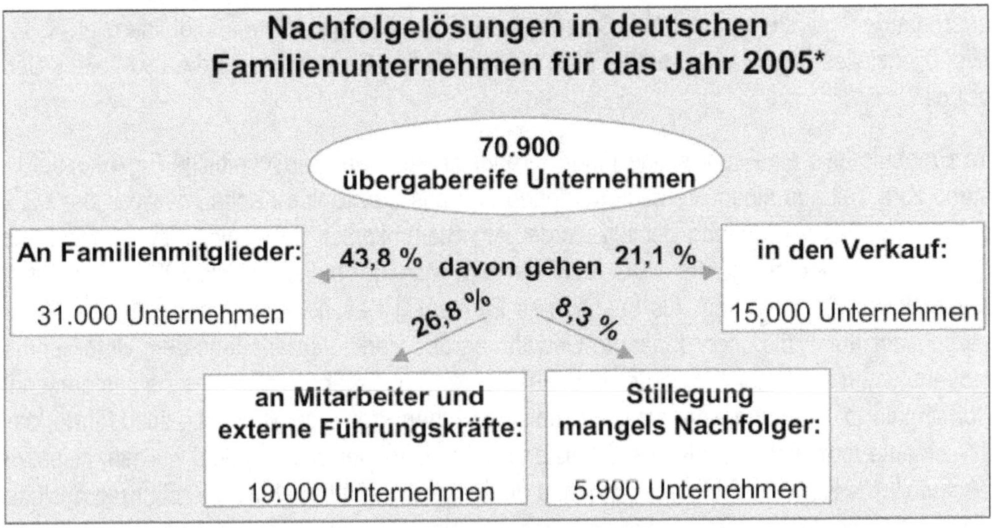

Abbildung 5: Nachfolgelösungen in deutschen Familienunternehmen für das Jahr 2005[5]

Welche Instrumente stellt das moderne Investment Banking nun bereit, um Lösungen für Unternehmensnachfolgen anzubieten? Es sind das klassische M&A, Lösungen mittels Management Buyout (MBO) bzw. Management Buyin (MBI), die hiermit einhergehende Akquisitionsfinanzierung (Leveraged Finance) sowie das Going Public.

Es soll nun eine Transaktion zur Gestaltung einer Unternehmensnachfolge, die von der DZ BANK Tochter DZ Equity Partner strukturiert und durchgeführt wurde, in einer Case Study näher betrachtet werden. Für eine beabsichtigte Unternehmensnachfolge sollte eine externe Lösung gefunden werden, da kein Familienmitglied für die Nachfolge in Frage kam. Dabei galt es

[5] Quelle: Institut für Mittelstandsforschung, 2004, eigene Darstellung.

zwei Zielsetzungen zu berücksichtigen: Ein angemessener Preis für das Lebenswerks des Unternehmens war zu erzielen und gleichzeitig sollte die langfristige Unternehmensfortführung sichergestellt werden. Gerade Familienunternehmer sehen sich hier, bspw. aus regionaler Verantwortung und Verbundenheit, in einer besonderen Verpflichtung.

Konkret galt es, 100% der Anteile an der AB-GmbH sowie die Mehrheit an der AC-GmbH zu veräußern. Die Einbindung des geschäftsführenden Gesellschafters der AC-GmbH als Buyout Manager war ebenso erwünscht, wie die Einbeziehung eines externen Geschäftsführers, der zusätzlich internationales Know-how mit einbringen sollte. Im Ergebnis stand eine kombinierte Transaktion aus einem Management Buyout und einem Management Buyin. Der DZ Equity Partner fiel die Aufgabe zu, einen MBI-Manager zu finden, was ihr auch gelang. Der Kaufpreis für beide Unternehmen betrug insgesamt € 51 Mio. und wurde so strukturiert, dass man zunächst eine NewCo gründete, also eine neue Gesellschaft, die sodann beide Unternehmen übernommen hat. Der von der NewCo zu zahlende Kaufpreis wurde wie folgt finanziert: € 11,5 Mio. bilanzielles Eigenkapital, € 10,5 Mio. wirtschaftliches Eigenkapital und € 29 Mio. als Senior Loan.

Im Ergebnis also eine sehr solide Finanzierungsstruktur. Das wirtschaftliche Eigenkapital bestand zum Teil aus einem Verkäuferdarlehen und aus Mezzanine-Kapital, das von der DZ Equity Partner zur Verfügung gestellt wurde. Am Stammkapital der NewCo ist die DZ Equity Partner mit 40% beteiligt, der MBO- bzw. der MBI-Manager halten jeweils 30% und somit die Mehrheit am Unternehmen. Als besonderes Element gilt es hervorzuheben, dass der Altgesellschafter durch die oben genannte Gewährung des Verkäuferdarlehens dem Unternehmen indirekt, wenn auch nur temporär, verbunden bleibt. Im Ergebnis also eine hochinteressante Konstruktion zur Lösung einer typisch mittelständischen Problemstellung, die dazu führte, dass alle ex ante formulierten Ziele des mittelständischen Unternehmers erreicht wurden, insbesondere weiteres Know how eingebunden und die langfristige Unternehmensfortführung gesichert werden konnte. Nicht zuletzt bleibt der Altgesellschafter „seinem“ Unternehmen weiterhin verbunden.

3.3. Diversifizierung der Fremdkapitalseite

Ein weiterer zunehmend erkennbarer Bedarf betrifft die Diversifizierung der Fremdkapitalseite. Die oft bei Mittelständlern anzutreffende Situation, dass bis zu 90% der Passivseite sozusagen den Banken und Lieferanten „gehören“, erzeugt eine erhebliche Abhängigkeit und sollte aus Unternehmersicht eine überfällige Revision der Refinanzierungspolitik auslösen. Weitere gute Gründe sind die Schaffung von zusätzlichen Finanzierungsspielräumen und damit nicht zuletzt die Finanzierung von Wachstum. Ein Trend hin zu einer Diversifizierung der Refinanzierung kann anhand konkreter Zahlen belegt werden. So nahm der Umlauf von Unternehmensanleihen deutscher Unternehmen von $ 14,4 Mrd. in 1999 auf $ 132,2 Mrd. in 2004 deutlich zu.

Auch das Marktvolumen von Asset Backed Securities, kurz ABS, hat in den vergangenen Jahren in Deutschland deutlich zugenommen, allerdings von einem sehr geringen Niveau ausgehend. Von einem Marktvolumen, wie es insbesondere in den USA vorzufinden ist, wo allerdings der Verkauf von Forderungen eine seit Jahrzehnten etablierte Finanzierungsform darstellt, um Unternehmensbilanzen zu entlasten und Eigenkapitalquoten zu verbessern, ist Deutschland noch sehr weit entfernt. Weitere Diversifizierungsalternativen neben Unternehmensanleihen sind Schuldscheindarlehen, die genannten Genussscheine oder Hybridbonds.

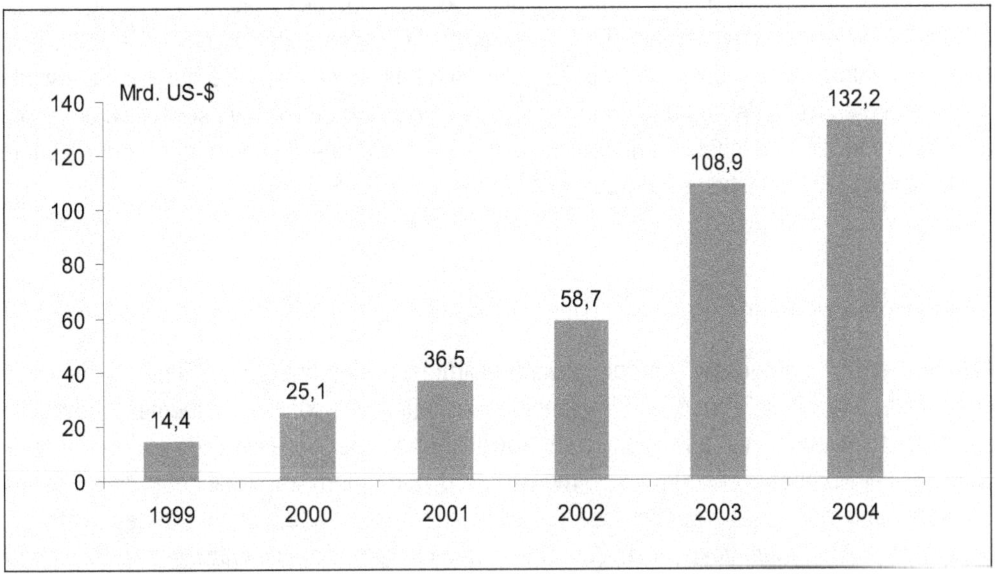

Abbildung 6: Umlauf von Unternehmensanleihen deutscher Unternehmen[6]

Als Fallbeispiel soll nachfolgend die Begebung eines Schuldscheindarlehens eines Markenartiklers dienen, den die DZ BANK in 2005 strukturiert und platziert hat. Die Transaktion ist aus folgenden Gründen als Beispiel besonders geeignet. Zum einen handelt es sich um einen familiengeführten Mittelständler, der mit einem relativ kleinen Kapitalmarktinstrument ausgestattet werden sollte und noch nie irgendeine Kapitalmarkt- oder kapitalmarktnahe Transaktion durchgeführt hat. Zum anderen fällt das aus Kapitalmarktsicht kleine Volumen von € 20 Mio. ins Auge, für das ein Londoner Investmentbanker nicht in die Provinz anreisen würde. Und dennoch konnte das Unternehmen erste Kapitalmarkterfahrung mit einem kapitalmarktnahen Produkt sammeln.

[6] Quelle: Bank for International Settlement, 2005, eigene Darstellung.

Zielsetzung für die Begebung des Schuldscheindarlehens war einmal die Verbreiterung der Finanzierungspalette sowie die Finanzierung von Investitionen zum Zweck des internen Wachstums. Daneben wollte man, was für jedes Unternehmen eine Selbstverständlichkeit ist, eine vergleichsweise günstige Finanzierung durchführen, aber auch testen, wie Kapitalmarktinvestoren dem Unternehmen gegenüberstehen.

Die Transaktion hatte folgende Eckdaten: Begeben wurde ein € 20 Mio. Schuldschein mit einer Laufzeit von 5 Jahren und fester Verzinsung, der auf 5 Jahres-Swap-Basis mit einer Marge, die der Bonität des Unternehmens entspricht, strukturiert wurde. Die Rückzahlung erfolgt zu 100%, und es wurden keine ordentlichen Kündigungsrechte vereinbart. Mit seiner ersten Debt-Capital Markets-Transaktion, wenn auch in einem kleinen und bescheidenen Umfang, hat das Unternehmen seine Ziele, zu der diese Transaktion beitragen sollte, erreicht. Es sollte auch nicht unerwähnt bleiben, dass die Nachfrage deutlich besser war, als dies am Anfang erwartet wurde und die Strukturierung und Platzierung in relativ kurzer Zeit – durchschnittlich dauert die Strukturierung einer solchen Transaktion knappe 3-4 Monate – durchgeführt werden konnte. Typischer sind Schuldscheine in Größenordnungen von € 50-100 Mio.

3.4. Risikomanagement

Abschließend soll aufgezeigt werden, welche Instrumente das Investment Banking zur Verfügung stellt, um mittelständischen Unternehmen ein effektives Risikomanagement ihrer Währungs- und Zinspositionen zu ermöglichen. Sowohl auf der Devisen- als auch auf der Zinsseite steht hier ein breites Spektrum von Produkten zur Verfügung. Im Ergebnis geht es darum, Preisschwankungen zu begrenzen bzw. zu eliminieren. Hier ließe sich einwenden, dass sich bspw. durch Währungseffekte auch Gewinne erzielen lassen. Dem ist entgegenzusetzen, dass ein Unternehmen grundsätzlich gut beraten ist, die Gewinnerzielung über das operative Geschäft anzustreben und eben nicht über bspw. Währungsspekulationen.

Auf der anderen Seite kann natürlich ein klares Commitment zum Hedging auch negative Auswirkungen haben. Als Beispiel sei hier der Importeur genannt, der sein Währungsrisiko absichert und der Wettbewerber, der dies nicht tut und in drei oder vier Monaten mit einem Discount von 20% die gleiche Ware einkauft. Letztlich ist die Erwartung des Unternehmens entscheidend, sicherlich unterstützt durch die Einschätzungen seiner Banken, wie sich zukünftig Zinsen oder Währungen entwickeln werden.

Im konkreten Risikomanagement-Fall war das Unternehmen der Auffassung, dass die Zinsen fallen würden. Es lag mit dieser Einschätzung, um es vorweg zu nehmen, auch richtig. Zielsetzung war, die Zinskosten, unter der gegebenen Prämisse fallender Zinsen, einer € 40 Mio. Finanzierung zu reduzieren sowie die Sicherung einer größtmöglichen Flexibilität, um auf sich ändernde Zinsen im Markt reagieren zu können. Es wurde mit der DZ BANK ein Zinsswap in Höhe von € 40 Mio. mit einer Laufzeit von 2004 bis 2012 abgeschlossen, analog zur Kredithöhe und -laufzeit. Da das Unternehmen, wie oben erwähnt, fallende Zinsen erwartete, wurden mittels eines Receiver-Swap die fixen Zinszahlungen des zugrunde liegenden Kredits in eine variable Zinszahlung getauscht. Im Ergebnis sahen die Zahlungsströme aus dem Swap wie folgt aus: Die DZ BANK zahlte fix 7,95% (die zugrunde liegenden Kreditkonditionen) an das Unternehmen und erhielt im Gegenzug vom Unternehmen den 6-Monats-Euribor plus 4,2875%. Die Auflösung des Swaps erfolgte nach etwa 8 Monaten, da fallende Zinsen einen positiven Marktwert in Höhe von € 2,8 Mio. zugunsten des Unternehmens „produziert" hatten.

Durch das Eintreten der Zinserwartung konnte das Unternehmen seine Zielsetzungen erfüllen. Wären allerdings die Zinsen gestiegen, hätte der Swap aus Unternehmenssicht einen negativen Marktwert „produziert" und somit Verluste. Neben „Plain Vanilla" Produkten, wie den oben beschriebenen Swap, beinhaltet das Produktportfolio der DZ BANK auch komplexe Strukturen, wie beispielsweise Memory Swaps und Constant Maturity Swaps, wahlweise mit Kündigungsoptionen, Obergrenzen oder Spreadkomponenten ausgestattet.

3.5. Internationalisierung

Neben den oben exemplarisch beschriebenen sechs konkreten Bedarfslagen sehen sich Unternehmen weiteren globalen Herausforderungen gegenüber, beispielsweise Unternehmenswachstums auch international abzusichern, um die Wettbewerbsposition gegen globale Konkurrenten zu verteidigen, eine kritische Unternehmensgröße zu erreichen, die Leistungsfähigkeit bei F&E zu steigern, Produktionsverlagerungen im Rahmen von Kostensenkungsprogrammen zu finanzieren oder auch auf den Trend der OEMs zu reagieren, Risiken zunehmend auf Zulieferer zu verlagern. Aus diesen vielfältigen Finanzierungsanlässen, seien an dieser Stelle folgende Beispiele genannt – ohne Anspruch auf Vollständigkeit.

So organisierten und strukturierten die M&A Experten der DZ BANK für Tchibo eine Akquisition in Frankreich. Hier könnte natürlich die durchaus berechtigte Frage aufkommen, ob Tchibo ein typisches mittelständisches Unternehmen sei. Typisch vielleicht nicht, aber auch Tchibo begreift sich als Mittelständler, wie im übrigen auch das Dienstleistungs- und Handelsunternehmen Otto mit einem Konzernumsatz von € 15 Mrd., das sich aufgrund seiner mittelständischen Entscheidungsstrukturen und der Tatsache, dass es familiengeführt ist und sich im Familieneigentum befindet, als Mittelständler betrachtet. Weiterhin hat die DZ BANK die Süddeutsche Truthahn AG beim Verkauf an die Hubers Landhendl GmbH beraten. Der Agrar- und Ernährungsbereich ist bekanntermaßen eine Branche, in der es sehr viele genossenschaftlich organisierte Unternehmen gibt und somit naturgemäß ein Betätigungsfeld für Genossenschaftsbanken und natürlich auch für die DZ BANK als Spitzeninstitut des genossenschaftlichen Bankensektors.

Solche Transaktionen müssen selbstverständlich auch finanziert werden. Die Akquisitionsfinanzierung, also die Finanzierung und Strukturierung des Kaufs eines Unternehmens oder von Unternehmensteilen, bietet hierzu das probate Instrumentarium, das die Banken insbesondere in der jüngeren Vergangenheit als sehr lukratives Geschäftsfeld für sich entdeckt haben. Hierfür gab es in 2005 ein sehr prominentes Beispiel: Die Mehrheitsübernahme der Heidelberg-Cement durch die Merkle-Gruppe.

Da eine solche Transaktion nicht vollumfänglich aus vorhandenen Mitteln dargestellt werden kann, ist hierzu eine umfangreiche Akquisitionsfinanzierung, die hochprofessionell durchstrukturiert werden muss, erforderlich. Für Banken ist dieses Geschäftsfeld deshalb von besonderem Interesse, da solche strukturierten Finanzierungen, im Gegensatz zum klassischen Bankkredit, adäquat gepreist werden. Um allerdings eine vernünftige Akquisitionsfinanzierung darstellen zu können, muss schon ein Transaktionsvolumen vorliegen, das deutlich über € 10 Mio. pro Bank liegt, da die Strukturierungskosten, wie beispielsweise für die Rechtsberatung oder Due Diligence, erst ab einem gewissen Transaktionsvolumen zu rechtfertigen sind.

4. Herausforderungen bewältigt?

Um den Unternehmen aufgrund der oben aufgezeigten komplexen Anforderungen ein verlässlicher und kompetenter Partner zu sein, ist ein ganzheitlicher Beratungsansatz erforderlich. Daneben ist es für eine Bank im Corporate Finance-Geschäft unerlässlich, mit einer breiten Produktpalette auf alle Bedarfslagen maßgeschneidert reagieren zu können. Nur so wird man seitens der Unternehmen als kompetenter Partner wahrgenommen und – Banken sind keine Altruisten – können über beratungsintensive Geschäftsabschlüsse auskömmliche Erträge generiert werden.

Die DZ BANK sieht sich hier in einer guten, wenn auch noch ausbaufähigen Position. Wir verfolgen einen Relationship-Ansatz mit Branchenexpertise bei der Marktbearbeitung, der von einem vielfach ausgezeichneten Research unterstützt wird. Das Aktienresearch hat seinen Analyseschwerpunkt auf deutsche Small- und Midcaps ausgerichtet. Derzeit beobachten ca. 40 Analysten rund 290 deutsche und internationale Unternehmen, d.h. es besteht ein durchschnittliches Verhältnis von Analyst zu Aktie von 1:8. Die im Aktienresearch ermittelten und analysierten Branchentrends bieten oftmals erste Ansatzpunkte für zukünftige Bedarfslagen von Unternehmen, die sodann im Corporate Finance aufgenommen und in adäquate Problemlösungen für den Kunden umgesetzt werden.

Dies gewährleistet einerseits, dass der Corporate Finance-Betreuer dem Kunden auf „Augenhöhe“ begegnet, da er neben dem Finanzierungsinstrumentarium gleichfalls die „Welt“ des Unternehmens kennt und versteht. Der Relationship-Ansatz gewährleistet den Unternehmen die zwingend notwendige Produktneutralität ihres zentralen Ansprechpartners und ist Garant für eine objektive Beratung, die ausschließlich auf die Kundenbedürfnisse ausgerichtet ist. Konkret bedeutet dies, dass sowohl die Kundenbetreuer als auch die Produktbereiche Equities und M&A sowie Leveraged Finance organisatorisch nach Kernbranchen aufgestellt sind. Durch diese konsequente und konsistente Branchenfokussierung sprechen die DZ BANK Experten die Sprache ihrer Kunden, haben so ein vollumfängliches Verständnis der jeweiligen Unternehmenssituation und stehen im Ergebnis den Unternehmen als kompetente Berater zur Verfügung.

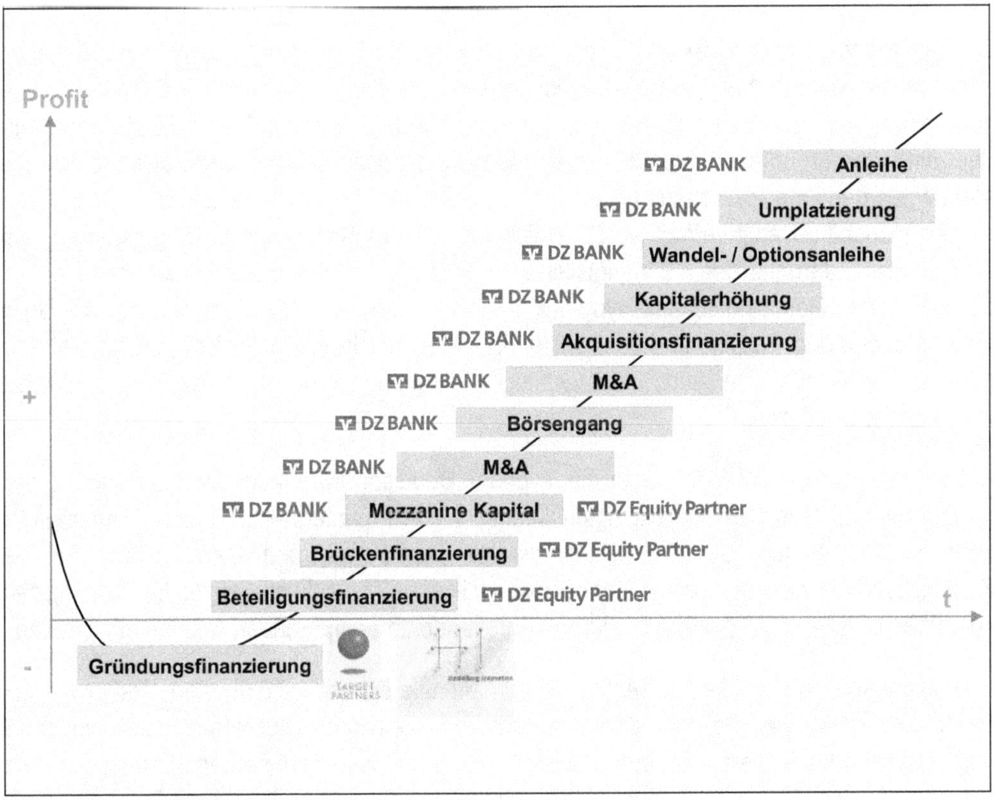

Abbildung 7: DZ BANK – Finanzpartner auf dem Wachstumspfad der Unternehmen[7]

[7] Eigene Darstellung.

5. DZ BANK – Überblick

Nachdem nun anhand verschiedener Bedarfslagen für mittelständische Unternehmen partiell auf das Leistungsspektrums sowie das Selbstverständnis des Bereichs Corporate Finance der DZ BANK eingegangen wurde, soll nachfolgend die DZ BANK bzw. die gesamte DZ BANK Gruppe näher vorgestellt werden. Die DZ BANK ist mit einer Konzernbilanzsumme von € 401 Mrd. die fünftgrößte Bank Deutschlands; das haftende Eigenkapital beträgt € 11,0 Mrd. Innerhalb des genossenschaftlichen FinanzVerbunds der Volksbanken und Raiffeisenbanken fungiert die DZ BANK AG als Zentralinstitut für rund 1.100 Kreditgenossenschaften mit deren 12.000 Bankstellen. Darüber hinaus ist die DZ BANK eine auch international ausgerichtete Geschäftsbank mit schwerpunktmäßiger Betreuung der mittelständischen deutschen Wirtschaft sowie multinationaler Unternehmen.

Die Unternehmen der DZ BANK Gruppe gehören zu den Eckpfeilern des Allfinanz-Angebots des genossenschaftlichen FinanzVerbunds, der rund 1.300 Volksbanken und Raiffeisenbanken umfasst und mit einer Bilanzsumme von rund 850 Mrd. Euro und etwa 30 Millionen Kunden eine der größten privaten Finanzdienstleistungsorganisationen Deutschlands ist. Der Marktanteil des FinanzVerbunds beläuft sich auf 17% im Kundenkredit- und 21% im Kundeneinlagengeschäft. Damit verfügt die DZ BANK mit ihren maßgeblichen Beteiligungen an Spezialinstituten - darunter der VR-Immobilien AG – mit der Bausparkasse Schwäbisch Hall und der Deutschen Genossenschafts-Hypothekenbank – sowie der R+V Versicherung, der Union Asset Management Holding und der norisbank – über eine Konzernplattform, die im Allfinanz-Geschäft eine intensive und leistungsfähige Zusammenarbeit der genossenschaftlichen Dienstleister ermöglicht.

Außerdem bietet die DZ BANK über die dwpbank Deutsche WertpapierService Bank AG sektorübergreifend Geschäftsabwicklungsfunktionen im Wertpapierservice an. Im Zahlungsverkehr in Deutschland hat die DZ BANK als Zentralbank und Clearingstelle für den Zahlungsverkehr der Genossenschaftsbanken mit dem Transaktionsinstitut für Zahlungsverkehrsdienstleistungen (TAI) einen sektorübergreifenden marktführenden Anbieter geschaffen.

Im Auslandsgeschäft ist die DZ BANK die internationale Drehscheibe für die Volksbanken und Raiffeisenbanken. Das Stützpunktnetz in sämtlichen Zeitzonen wird primär verbundbezogen und kapitalmarktorientiert betrieben. Mit zahlreichen genossenschaftlichen Partnern im europäischen Ausland bestehen Kooperationsvereinbarungen, welche die direkte Präsenz der DZ BANK an Finanzplätzen ohne nationale genossenschaftliche Banken oder Bankgruppen ergänzen.

Die außergewöhnlich Stellung der DZ BANK als Zentralbank des genossenschaftlichen FinanzVerbunds wird an dem Beziehungsgeflecht mit den Volksbanken und Raiffeisenbanken deutlich. So sind die von der DZ BANK betreuten Volksbanken und Raiffeisenbanken in

Deutschland gleichzeitig Hauptaktionäre und wichtigste Kundengruppe; etwa 60% der Erträge werden mit den deutschen Genossenschaftsbanken generiert – eine Beziehung mit einem ganz besonderen Charakter.

2005 war ein gutes und erfolgreiches Jahr für die DZ BANK. Besonders erfreulich ist die Tatsache, dass die renommierte Zeitschrift „The Banker" die DZ BANK als „Bank of the year 2005-Germany" für die erfolgreiche Restrukturierung nach der Fusion von DG BANK und GZ-Bank zur DZ BANK in 2001 ausgezeichnet hat. Daneben sei noch das Upgrade des Ratings durch S&P auf nun „A" glatt genannt.

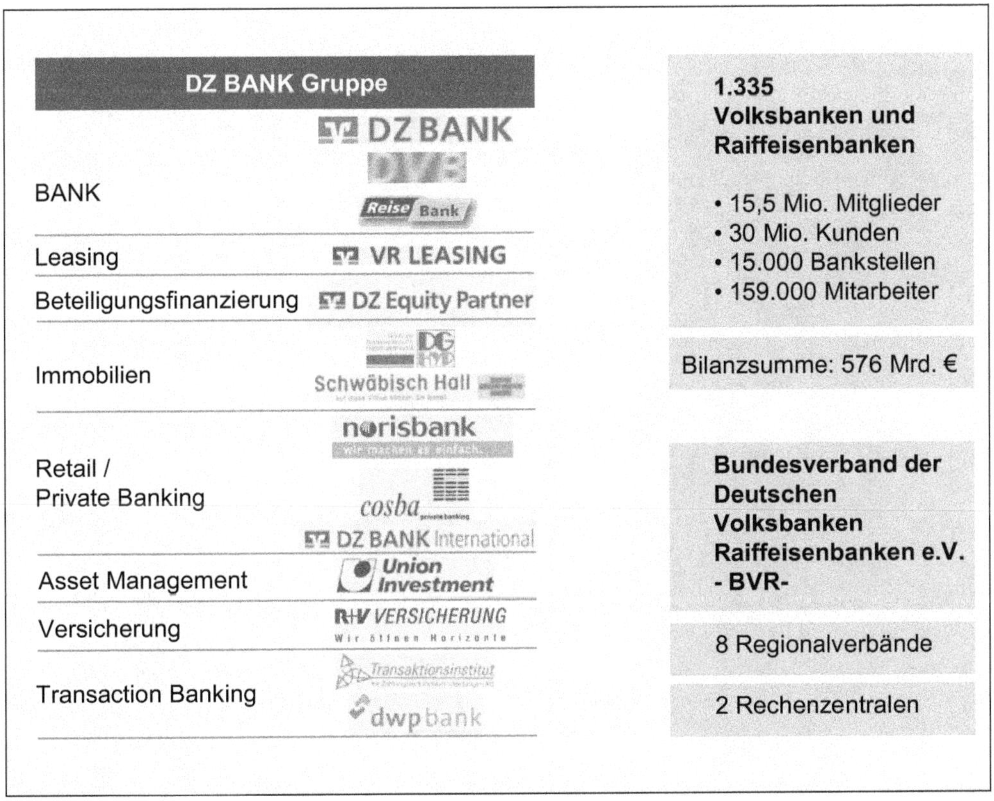

Abbildung 8: DZ BANK – Spitzeninstitut der Volksbanken und Raiffeisenbanken[8]

Die DZ BANK und der gesamte genossenschaftliche FinanzVerbund sind bestens positioniert, um sich den Herausforderungen, die das modernen Firmenkundengeschäfts für Banken bereithält, zu stellen. Insbesondere die Nachfrage nach speziell auf den Mittelstand zugeschnittene Kapitalmarktprodukte wird zunehmen und deren maßgeschneiderte Bereitstellung ist die

[8] Eigene Darstellung.

Herausforderung für mittelstandsorientierte Banken in den nächsten Jahren. Dies belegt auch die aktuelle Unternehmensbefragung 2005 der KfW, wonach die Unternehmen zukünftig ihre Eigenkapitalquote steigern und ihre Finanzierungsquellen diversifizieren wollen. Die DZ BANK sieht sich hier als Sparringspartner der Unternehmen insbesondere in allen Kapitalmarkt- und kapitalmarktnahen Finanzierungsfragen.

Produkt- und Vertriebsinnovationen als Wachstumstreiber

DR. WOLFGANG KLEIN

Mitglied des Vorstands
Deutsche Postbank AG

I. Deutsche Postbank AG

II. Multikanalarchitektur

III. Kundenpotenzial

IV. Produktinnovationen – Verknüpfung von Kunden- und Produkt-Know-How

V. Trends

I. Deutsche Postbank AG

Mit 5-7% Marktanteil ist die Deutsche Postbank AG eine der größten fokussierten Retail- und Transaktions-Banken in Deutschland – und damit führende und voll integrierte Transaktionsbank im größten Retailmarkt Kontinentaleuropas. Das stabile Geschäftsmodell mit geringen Risiken und damit der dauerhafte Erfolg im breiten Retailgeschäft beruht u.a. auf der Philosophie eines gezielten Marketings sowie technologischer Systemführerschaft. Die dadurch erreichten Kostenpositionen sind in dieser Form von Wettbewerbern nur schwer einzuholen. Hinzu kommt der umfassende Zugang zu Kunden und Vertriebswegen: Die Postbank verfügt mit über 9.000 Filialen der Deutschen Post über eines der dichtesten stationären Vertriebsnetze Deutschlands. Als zweites Standbein übernahm die Postbank 2004 das Transaktionsbanking von Deutscher und Dresdner Bank. Mit einer modernen IT-Plattform und damit einhergehenden effizienten Prozessen wickelt die Bank seitdem den Zahlungsverkehr der beiden anspruchsvollen Partner auf Mandantenbasis ab. Benchmark-Studien bestätigen den Erfolg als Kostenführer im Zahlungsverkehr auf dem deutschen Markt. Das neu eingeführte SAP-System sichert der Postbank den Technologievorsprung vor anderen Marktteilnehmern. Konservative Kreditvergabepolitik sowie erfolgreiche Instrumente zur Risikosteuerung liegen im Fokus des Firmenkundengeschäfts. Auf der Basis von Plattformstärken und Synergien mit der Deutsche Post World Net betreut die Postbank hier über 40.000 Firmenkunden – meist DAX- sowie MDAX-Unternehmen.

Stabiles Geschäftsmodell mit geringen Risiken

- **Fokussierte Retail- und Transaktionsbank in Deutschland**
  - Eine der größten Retailbanken
  - Führende voll integrierte Transaktionsbank im größten Retailmarkt Kontinentaleuropas
- **Umfassender Zugang zu Kunden und Vertriebswegen**
  - Mit über 12 Mio. Kunden eine der größten Retailbanken in Deutschland
  - Mit über 9.000 Filialen dichtestes stationäres Vertriebsnetz eines Einzelinstituts in Deutschland
  - Über 450 mobile Vermögensberater decken exklusiven Beratungsanspruch von Top Kunden
  - Auch bei alternativen Vertriebswegen wie Telefon und Online in führender Position in Deutschland
- **Transaktionsbanking als zweites Standbein dank moderner IT-Plattform und effizienter Prozesse**
  - Auf Basis verschiedener Benchmark- Studien Kostenführer im Zahlungsverkehr in Deutschland
  - Mit neu eingeführtem SAP-System Technologievorsprung vor anderen Marktteilnehmern
- **Selektive Geschäfte mit Firmenkunden unter Nutzung der Plattformstärken und Synergien mit DPWN (Payment Solutions, Selective Commercial Finance)**
  - Konservative Kreditvergabepolitik mit erfolgreichen Instrumenten zur Risikosteuerung

Abbildung 9: Strategie der Postbank[1]

[1] Quelle: Postbank.

II. Multikanalarchitektur

Die Multikanalarchitektur der Postbank stellt einen entscheidenden Treiber für kundenwirksame Umsetzung von Vertriebs- und Produktinnovationen dar. Das Vertriebssystem basiert auf der Exklusivität mit dem Netz der Deutschen Post. Komplexere Herausforderungen im Markt übernimmt seit 2003 der Mobile Vertrieb. Mit aktuell drei Mio. Telefonbanking-Konten wächst der Vertriebszweig Call Center stetig, ohne dabei ein Substitut zum Internet darzustellen, das inzwischen zum zweitstärksten Vertriebszweig der Bank zählt. Fokussiert auf den Online-Verkauf ist die Postbank inzwischen zum größten Anbieter Deutschlands gewachsen. Hinzu kommen die Geldautomaten der Cash-Group sowie Direktmailing und Mobile-Banking. Mit dem dargestellten Multikanalansatz verfolgt die Postbank zwei strategische Stoßrichtungen:

- Maximale Kosteneffizienz durch Verlagerung des Transaktionsgeschäfts von personengebundenen zu automatisierten Prozessen sowie Fokussierung des Kundenkontakts auf vertriebliche Aktivitäten.
- Optimale Nutzung der Vertriebsoberfläche durch vertriebliche Nutzung aller Kundenschnittstellen wie z.B. Internetseiten mit thematisch passenden Produkthinweisen und direkter Abschlussmöglichkeit. Damit ist das Internet zurzeit stärkster Absatzkanal im Privatkredit.

Abbildung 10: Postbank als echte Multikanalbank[2]

Die technologische Basis wurde sukzessive umgesetzt auf eine Plattform für sämtliche Vertriebskanäle. Damit sinkt die Kostenbasis und es erhöht sich die Geschwindigkeit, Verände-

[2] Quelle: Postbank.

rungen vorzunehmen zu können. D.h. Veränderungen erfolgen nur noch einmalig für alle Vertriebskanäle und nicht einzeln je Vertriebskanal wie in der Vergangenheit.

Abbildung 11: Postbank trifft Kundenbedarf auf den Punkt[3]

Kundenpotenzial

Bei nur 10-20% der 2-3 Millionen Kundenkontakte, die die Filialen pro Tag verzeichnen, handelt es sich tatsächlich um Postbank-Kunden. Im Umkehrschluss bedeutet dies, dass 80-90% der Menschen, die täglich die Werbung der Postbank in den Postfilialen sehen, Kunden von Konkurrenzinstituten sind. Damit wird deutlich, dass die Filialorganisation einen wesentlichen Bestandteil und eine wesentliche Säule des Neukundengeschäfts der Postbank darstellt. Das Neugeschäft ist dabei mit 80% in den 850 größten Filialen konzentriert.

Hinter dem Open Service-Konzept der Postbank steht die komplette IT-Vernetzung der Beratungslogik. Dem einzelnen Berater werden Werkzeuge mitgegeben, die optimale Checks zur Vermögensanlage, Finanzierungen oder auch Vorsorge ermöglichen. Damit stellt die Postbank – gerade in Hinblick auf die sich ändernden Haftungssituationen in Europa – ein gleichbleibendes, qualitativ hochwertiges Produktangebot sicher.

[3] Quelle: Postbank.

Die Verkaufsmitarbeiter an der „Schnellen Theke“ nutzen die Kundenkontakte u.a. um Cross-Selling-Ansätze wahrzunehmen. Stellt beispielsweise ein Kunde aufgrund eines geplanten Umzugs einen Nachsendeauftrag, weiß der Verkaufsmitarbeiter, dass der Kunde in der Regel auch sein Giro-Konto wechseln muss. Er geht auf diese Tatsache ein und informiert den Kunden über die Konditionen und Vorteile eines Girokontos bei der Postbank.

Im so genannten „Face-to-Face“-Vertrieb verfügt die Postbank über ein dreistufiges System: 6.000 Vertriebsmitarbeiter an der „Schnellen Theke“, 2.000 Finanzdienstleistungsberater, die das gesamte Postbank-Angebot vertreiben sowie – für sehr erklärungsbedürftige Produkte – 450 Postbank Vermögensberater, die neben dem Verkauf von Postbank- und Drittprodukten auch eine spezialisierte Anlage- und Vorsorgeberatung anbieten. Von den insgesamt ca. 800.000 Neukunden pro Jahr haben ca. 10% einen individuellen Beratungsbedarf und gehören damit zur Zielgruppenstruktur der Postbank Vermögensberatung AG.

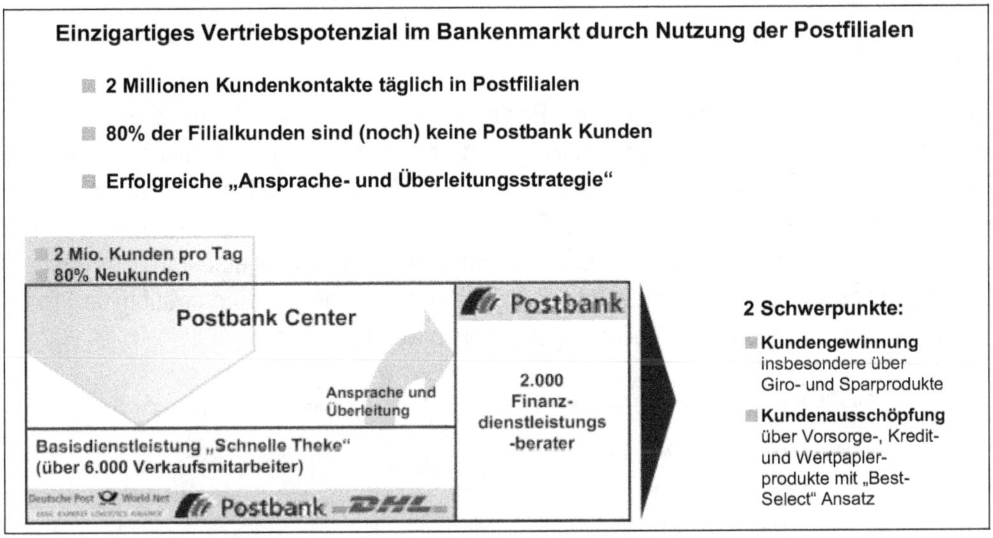

Abbildung 12: Kundenkontakte und Vertriebspotenzial[4]

Das extrem hohe Anrufvolumen wird effizient und mit hoher Kundenzufriedenheit von den Call Centern der Postbank bearbeitet. Allein in 2004 wurden 31 Millionen Calls bewältigt – einhergehend mit einer Steigerung von 15% bei den Konten im Telefonbanking. Aufgrund der deutlich gesteigerten Produktivität tragen sich die Call Center durch ihren Produktabsatz. Neue Sprachportale wurden implementiert, die die Sprache als Echtsprache verstehen. Die roboterhafte Sprechweise, die Telefonbanking-Kunden zum Teil hinnehmen mussten, gehört heute der Vergangenheit an.

[4] Quelle: Postbank.

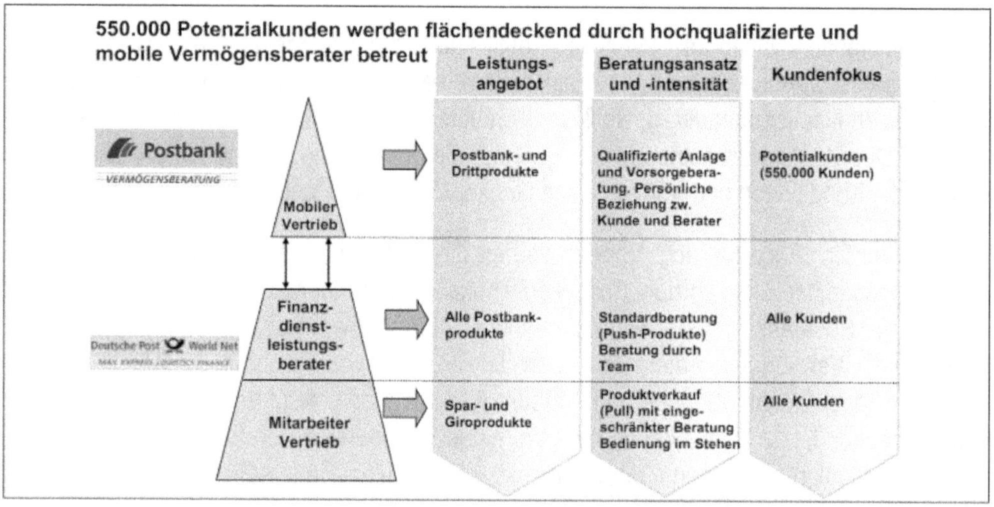

Abbildung 13: Mobiler Vertrieb[5]

Im Wachstumsmarkt Internet hat sich die Postbank mit einem mehrfach ausgezeichneten Onlineangebot positioniert. Das Online-Banking- und Brokerage-Portal ist bereits heute realtimefähig: Es werden Überweisungen von Postbank-Konto zu Postbank-Konto vorgenommen, der Kunde kann den Ab- bzw. Zugang des Geldes direkt am Bildschirm mitverfolgen. Auf dem zentralen Online-Portal „Postbank Direkt" kann der Kunde sein Engagement mit der Postbank auf einen Blick erfassen. Entsprechend der zugeordneten Zielgruppe wird er auf neue Produkte hingewiesen, die auch direkt online abgeschlossen werden können.

Abbildung 14: Positionierung im Internet-Wachstumsmarkt[6]

[5] Quelle: Postbank.
[6] Quelle: Postbank.

III. Produktinnovationen – Verknüpfung von Kunden- und Produkt-Know-How

Vor dem Hintergrund, die starke Position im Spargeschäft zu sichern, begegnet die Postbank ihren Konkurrenten mit einem Mix aus Konditionen und Produktinnovationen. Das Postbank DAX-Sparbuch beispielsweise partizipiert an der DAX-Entwicklung, garantiert aber gleichzeitig einen sicheren Basiszins. Eine Innovation, die gerade in Hinblick auf den Crash im Jahre 2000 das Sicherheitsbedürfnis der Kunden berücksichtigt. Der Kunde kann nichts verlieren, sondern nur gewinnen. Das Postbank Gewinnsparen knüpft an dieser Strategie an. Zunächst standen hier rechtliche Aspekte gegen die Einführung des neuen Produkts, denn ausschließlich Sparkassen ist es vorbehalten, Produkte dieser Gattung anzubieten.

Die Marketing-Partnerschaft mit „Aktion Mensch" wurde ins Leben gerufen und damit den rechtlichen Aspekten Rechnung getragen. Das Produkt gewährt einen Gewinnbonus als Sonderzins in Abhängigkeit von den Endziffern bei der Gewinnziehung der „Aktion Mensch". Der Kunde verfolgt die von Thomas Gottschalk moderierte und von der Postbank gebrandete Sendung. Im Unterschied zum DAX-Sparbuch (zum Basiszins zusätzliche Partizipation bei DAX-Anstieg) gewinnt der Kunde in unterschiedlicher Höhe jeden Monat. Zusätzlich zum Basiszins bietet die Postbank einen Sonderzins in Abhängigkeit der Endziffer bei der Gewinnziehung „Aktion Mensch" und verfolgt gleichzeitig einen Spendenansatz.

Hinzu kommen Aktionsprodukte. Bereits zum Confed-Cup, aber insbesondere zur Fußball-Weltmeisterschaft werden Ticket-Lotterien mit Produktinnovationen verbunden. Aber auch technologische Führerschaft kann durch besondere Aktionen unterstrichen werden. Neben den klassischen Möglichkeiten der Kreditkartenindustrie bietet die Postbank mittlerweile den Kunden auch das Angebot, individualisierte Kreditkarten zu bestellen. Im Internet können die Kunden seit 1. September 2005 ihr Foto hochladen und direkt auf der gewünschten Kreditkarte positionieren. Der Phantasie des Kunden sind dabei – mit kleinen Einschränkungen – keine Grenzen gesetzt.

Der Best Select Ansatz im Investmentfondsgeschäft wurde im Mobilen Vertrieb auch auf den Bereich Versicherungen übertragen. Neben der konzerneigenen PB Versicherung, die zusammen mit der Talanx betrieben wird, bietet der Mobile Vertrieb Produkte renommierter Partner, die die besonderen Bedürfnisse spezieller Berufsgruppen (z.B. Freiberuflern, Medizinern etc.) abdecken.

Abbildung 15: Innovationen bei Sparprodukten[7]

VI. Trends

Ein Blick in die Vergangenheit zeigt, dass besonders im Retailbanking fast jährlich neue Trends entstehen. Anfang 2000 war es das Brokerage, abgelöst von Konsumentenfinanzierung und seit einiger Zeit der Markt der Altersvorsorge. Grundsätzlich bietet jeder dieser Trends die Möglichkeit, Produktinnovationen zu entwickeln und dadurch Neugeschäft zu generieren. Jedoch braucht das Retailbanking seine Zeit. D.h. konzentriert sich ein Unternehmen auf einen beginnenden Trend, muss es dabei bleiben – selbst wenn die Markttrends sich dem ein Stück entgegen stellen sollten. Ist das Management von der Richtigkeit des Trends überzeugt, muss es dazu stehen. Das Thema Vorsorge ist als Megatrend in seiner Entwicklung jedoch wesentlich stabiler als andere. Im Aufbrechen zwischen Versicherungs- und Bankmärkten ist das Thema Altersvorsorge auch interessanter und perspektivisch wesentlich weittragender als die vorgenannten Trends.

[7] Quelle: Postbank.

Dabei wartet die Postbank nicht auf das durch das Bundesfinanzministerium subventionierte Produkt als Megaseller. Betrachtet man den Zustand der Öffentlichen Haushalte ist dies auch mehr als fraglich. Im Fokus steht vielmehr, was den Kunden von heute davon abhält, ein Altersvorsorgeprodukt abzuschließen. Denn auf der Nachfrageseite herrscht eine nicht zu übersehende Unsicherheit. Die Deutschen warten auf das Produkt par excellence – staatlich gefördert, subventioniert mit utopischen Zinssätzen und natürlich steuerfrei. Und gehen doch davon aus, dass dieses Produkt nie kommen wird. Jeder weiß um die Notwendigkeit der privaten Altersvorsorge. Doch die Umsetzung dieses Wissens wird blockiert durch eben diese Unsicherheiten.

Die Abschlusssorge bzgl. der Richtigkeit des gewählten Produkts führt dazu, dass die Kunden warten und die Entscheidung hinauszögern. Erschwert wird dieser Prozess noch durch die Statik der meisten Verträge, die der Lebenswirklichkeit bei weitem nicht mehr entsprechen. Beispielsweise geht heute beim Abschluss einer betrieblichen Altersvorsorge kaum noch ein Arbeitnehmer davon aus, die kommenden 30 Jahre beim gleichen Unternehmen zu bleiben. Das Altersvorsorgekonto der Postbank setzt genau hier an. Es entspricht den Bedürfnissen der Kunden nach Flexibilität, Sicherheit und Rendite. Der Begriff des „Kontos“ nimmt den Kunden die unbegründete Angst vor Depots und Wertpapiergeschäft. Der halbjährliche Kontoauszug schafft Transparenz und dient darüber hinaus als Cross-Selling-Instrument.

Flexible Ein- und Auszahlungen garantieren dem Kunden jederzeitigen Zugriff auf sein Geld mit gleichzeitiger Kapitalgarantie. Ein dynamisches Management des Aktien- und Rentenanteils stellt eine Performance sicher, die besser sein kann als die einer klassischen Lebensversicherung. Das Wissen um die Flexibilität des Produkts erleichtert den Kunden die Entscheidung dafür. Die vorhandene Möglichkeit je nach persönlicher, aktueller Situation über das Geld zu verfügen bei gleichzeitiger Kapitalgarantie macht das Wesen des Produktes aus und steuert der Entscheidung der Kunden, den Abschluss auf später zu verschieben entgegen. Die Philosophie der Postbank im Produktmanagement heißt: Statik abbauen, Flexibilität schaffen, Zukunftsangst nehmen.

Diese Philosophie wird durch Marktforschungsstudien bestätigt. Noch vor zwei Jahren war der Staat die Institution, von der die Deutschen einzig eine Lösung zum Thema Altersvorsorge erwarteten. Bis heute hat sich dieses Denken deutlich relativiert. Die innovativen Produktlösungen der Postbank sind Wegbereiter im Megatrend Altersvorsorge.

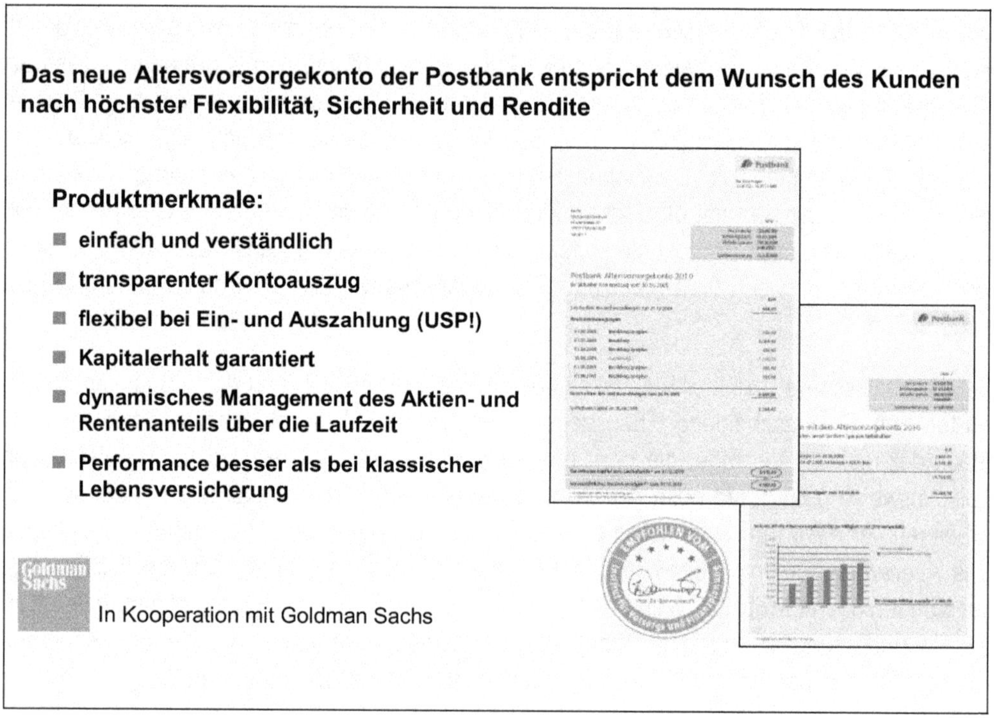

Abbildung 16: Wertpapiere – Innovation für die Altersvorsorge[8]

[8] Quelle: Postbank.

Mobiler Außendienst zur Stärkung der Vertriebskraft einer Regionalbank

Enrico Kahl

Vorsitzender des Vorstandes
Sparda-Bank Münster eG

Einleitung

Sparda-Banken gewinnen im deutschen Markt für Bankdienstleistungen mehr und mehr an Bedeutung, weil sie in ihrem Geschäftsmodell ausschließlich das Privatkundengeschäft fokussieren. Denn seitdem (kapitalmarktorientierte) Kreditinstitute verstärkt Anforderungen von Rating-Agenturen entsprechen müssen, gilt das Privatkundenbankgeschäft als positive Bewertungsgröße mit dem „... Charme, (...) weitere Pluspunkte im Kampf um ein Rating ohne Staatsgarantien (zu) sammeln (...). Hier honorieren die Ratingagenturen ein stabiles Retail-Geschäft (...)."[1] Doch geht es Sparda-Banken nicht nur um Refinanzierungsthemen. Vielmehr führt die fokussierte Geschäftstätigkeit auf das Privatkundengeschäft zur Kernkompetenz, Kunden Bankdienstleistungen zu deren Zufriedenheit bereitzustellen. Und den tatsächlichen Markterfolg dieser Positionierung spiegelt der stetig wachsende Marktanteil im standardisierten Markt mit Privatkunden wider: „Die zusammengefasste Bilanzsumme der 12 Sparda-Banken wuchs trotz schwieriger wirtschaftlicher Rahmenbedingungen zum Jahresultimo 2004 auf 45,7 Mrd. EUR. Gegenüber dem 31.12.2003 entspricht dies einem Wachstum um 5,3 Prozent oder 2,3 Mrd. EUR."[2]

Es zeigt sich also, dass Sparda-Banken über die letzten Jahre hinweg konzentriert und zum Nutzen deutscher Privatkunden am Ausbau ihrer Marktpositionen gearbeitet haben. Ansonsten wäre es kaum möglich gewesen, in einem Marktsegment, das zu 50% durch Staatsunternehmen, d.h. öffentliche Sparkassen dominiert wird, Kundenbeziehungen aufzubauen. Der vorliegende Beitrag soll jedoch nicht allein herleiten, *daß* sich die genossenschaftlich organisierte Privatwirtschaft in Form der Sparda-Banken gegen die Staatstätigkeit hat durchsetzen können. Vielmehr gilt es darzustellen, *auf welche Weise* sich die Sparda-Banken, konkreter die Sparda-Bank Münster eG im Markt erfolgreich etablieren konnte. Ziel des Beitrags ist es also aufzuzeigen, inwieweit die Sparda-Bank Münster eG ihre Vertriebskraft im Sinn des Kundennutzens hat einbringen können und welche Optionen bestehen, diese existente Stärke durch einen mobilen Außendienst weiter auszubauen.

I. Rahmenbedingungen einer regional tätigen Privatkundenbank

Als im März 2000 die Spekulationsblase vor allem im damaligen Börsensegment Neuer Markt der Deutsche Börse AG platzte, setzte eine gesamtwirtschaftliche Abschwungentwicklung der deutschen Volkswirtschaft ein. Doch sollte dieser signifikant ausgeprägte Abschwung in einem Gesamtkontext deutscher Nachkriegszeit betrachtet werden. Denn die Wachstumsraten des Bruttoinlandsprodukts jeweils im Jahrzehntdurchschnitt sanken *kontinuierlich* von 8,2% in den

---

[1] O.V. 2004: S. 9.

[2] Verband der Sparda-Banken e.V. 2005, URL: „www.sparda.de/...".

50er Jahren über 2,8% in den 70er auf 1,6% in den 90er Jahren; und in den ersten Jahren des 21. Jahrhunderts bis zum Jahr 2004 sank das Wirtschaftswachstum gar auf 0,5% ab.[3]

Der Abschwung im 21. Jahrhundert fiel daher besonders stark aus, weil Unternehmen in der zweiten Hälfte des vorherigen Jahrhunderts keine ausreichenden Strategieanpassungen vollzogen hatten. Denn es kam, insbesondere auch im Retail-Banking, in den letzten Jahren bis zum heutigen Herbst 2005 erstmals zu signifikanten angebotsseitigen Kapazitätsanpassungen an die aufgezeigten gesamtwirtschaftlichen Entwicklungen. „Der beängstigende Absturz der Eigenkapitalrenditen bis 2003 zeigt die aus kreditwirtschaftlichen Fehlentscheidungen in den 90er Jahren resultierenden krisenhaften Begleiterscheinungen. Trotz guter Prognosequalität war man für den Umbruch schlecht gerüstet.“[4] Sinkende Erträge und Margen wurden im Beispiel des Retail-Banking häufig durch drei Aspekte zu kompensieren versucht:[5]

(1) Reduktion des stationären Filialnetzes und

(2) Ausbau des Direct-Banking sowie

(3) Fusionen zur Realisierung von Kostendegressionseffekten.

Somit setzten Kreditinstitute nicht nur im Investment-Banking als direkte Folge des Börsenabschwungs ab März 2000, sondern auch im Retail-Banking Personal frei.[6] Im Ergebnis erhöhte sich die deutsche Arbeitslosenquote weiter und der gesamtwirtschaftliche Abschwung schlug auf die Binnennachfrage über bzw. nahm an Geschwindigkeit zu.

Inzwischen sind die aufgezeigten Anpassungsmaßnahmen umgesetzt, die Hausaufgaben auch der regional tätigen Privatkundenbanken erledigt. „Richtig ist, dass alle deutschen Banken heute um Klassen besser dastehen als vor Jahresfrist.“[7] Dieses Engagement insbesondere in den Jahren 2003 bis 2005 führte zu einem wiederbelebten Betrachtungsfokus auf die Ertragsseite. Nicht mehr ausschließlich die Kostenorientierung ist von Bedeutung, sondern das ertragsorientierte Wachstum. Sodann heißt es auch in einer aktuellen Trendstudie, Wachstum löse die Kostensenkung „... an der Spitze der Prioritätenlisten ab.“[8]

Der vorliegende Beitrag soll entsprechend diesen Fokus mit Inhalten füllen. Am Beispiel der Sparda-Bank Münster eG ist aufzuzeigen, wie ein mobiler Außendienst die Ertragskraft der betrachteten Regionalbank steigern kann. Dazu ist es vorab notwendig zu erörtern, inwieweit und warum die Sparda-Bank Münster eG auf einer *existenten* Ertragskraft aufzubauen in der Lage ist. Abschließend ist zu demonstrieren, dass die kontinuierlich strategisch ausgerichtete

---

[3] Vgl. Siebert 2005: S. 14-18.
[4] Gerke 2005: S. 1.
[5] Vgl. zur Begründung der angeführten Aspekte die Daten in Knüfermann 2005: S. 7-12; Knüfermann/Kalisch 2003: S. 399f.
[6] Siehe exemplarisch die Darstellungen in Gerke 2005: S. 1 und Potthoff 2004: S. 13.
[7] Potthoff 2004: S. 13.
[8] Grass 2005: S. C3.

Unternehmensführung der Bank im krassen Unterschied zum durchschnittlichen Marktverhalten zu Beginn des 21. Jahrhunderts *keine* Abschwünge im Erfolg der Geschäftstätigkeit auffangen musste. Vielmehr leistete sie die Grundlage des stetigen Geschäfts- und Ertragswachstums, das in Kapitel IV durch Entwicklungslinien für das Zeitfenster von 1999 bis 2005 visualisiert wird. Doch im weiteren stehen zunächst jene Aspekte im Vordergrund der Analyse, die der Sparda-Bank Münster eG Erfolgsbasis waren, sind und bleiben werden.

II. Die Vertriebskraft der Sparda-Bank Münster eG

1. Klassische Filialbank mit Multikanalansatz

Die Sparda-Bank Münster eG wurde im Jahr 1900 gegründet, damals als „Spar- und Darlehnskasse des Eisenbahnervereins Emden". Inzwischen ist sie eine Regionalbank mit 19 Zweigstellen, wobei zwei weitere im Aufbau befindlich sind. Das Geschäftsgebiet der Bank erstreckt sich über eine sehr große Fläche hinweg: In der Nord/Süd-Ausdehnung von der Nordsee bis Haltern (ca. 350 Km) und in der West/Ost-Ausdehnung von der holländischen Grenze bis Oldenburg/Warendorf (ca. 150 Km).

Gegründet wurde die heutige Sparda-Bank Münster eG als genossenschaftliches Institut vorerst für den geschlossenen Mitgliederkreis regionalansässiger Eisenbahnmitarbeiter. Doch im Jahr 1969 öffnete sich die Bank erstmals für weitere Zielkundengruppen außerhalb der Eisenbahnbranche. Heute ist das Institut eine Bank für *alle* geschäftsgebietsansässigen Privatkunden. Als Genossenschaftsbank ist das Institut sodann im Eigentum ihrer Mitglieder befindlich. Die Mitgliedschaft ist satzungsbezogen Grundlage jeglicher kreditgeschäftlicher Kundenbeziehungen, darin eingeschlossen ist auch das Girokonto mit Dispositionsrahmen. Damit bedingen Kreditgeschäft, Mitgliedschaft und Gebietszugehörigkeit einander und sind konstitutive Merkmale kundenseitiger Erstbankbeziehungen zur Sparda-Bank Münster eG. Die Fokussierung des klar abgegrenzten Zielkundensegments sichert der Bank letztlich schon über Jahre hinweg eine stabile Marktgeschäftsbasis, wie bereits einleitend angeführt.

Ende 2004 betrug die Mitgliederzahl der Sparda-Bank Münster eG 117 Tsd. Das Ergebnis nach Bewertung wurde mit Euro 6,13 Mio. und die Bilanzsumme mit Euro 1,74 Mrd. ausgewiesen. Für das Geschäftsjahr 2005 gehen wir davon aus, zum Jahresende bei 123 Tsd. Mitgliedern ein Ergebnis nach Bewertung in Höhe von Mio. 6,8 Mio. und eine Bilanzsumme in Höhe von Euro 1,83 Mrd. ausweisen zu können. Damit stellen auch die aktuellsten Geschäftsjahre 2004 und 2005 eine Fortsetzung unserer erfolgreichen Geschäftstätigkeit dar.

Während in der zweiten Hälfte der 1990er Jahre eine Vielzahl passiv zuschauender Kreditinstitute die allgemeinen Marktentwicklungen noch positiv mitnahmen, bedarf es seit Anfang des

21. Jahrhunderts vielmehr hausindividueller Engagements, um nicht dem einleitend skizzierten Marktabschwung zum Opfer zu fallen. Zur Realisierung der aufgezeigten guten Ergebnisse unserer Sparda-Bank Münster eG wurden folgende wegweisende Meilensteine gesetzt: Die marktinnovative „Strategie 2005" der Sparda-Bank Münster eG aus dem Jahr 1996 wurde nach deren vollständige Implementierung im Jahr 2003 als „Strategie 2009" überarbeitet und ebenfalls in großen Teilen bis zur Mitte des Jahres 2005 umgesetzt.

Die „Strategie 2009" der Sparda-Bank Münster eG basiert auf dem Konzept hybrider Wettbewerbsstrategien. Sie zielen auf die Verknüpfung von wachstumsorientierter Differenzierung *und* Kostenorientierung ab. Obwohl Müller-Stewens/Lechner (2003) bereits den schnellen Wechsel zwischen beiden Positionen als Hybridstrategie empfehlen, folgte die Entwicklung der „Strategie 2009" dem integrativen Gedanken von Börner (2000) und Gerpott (1998).[9] Abbildung 17 fasst den konzeptionellen Rahmen der „Strategie 2009" zusammen und zeigt diesbezügliche Wettbewerbsvorteile auf (vgl. Abb. 1; linker und rechter Flügel).

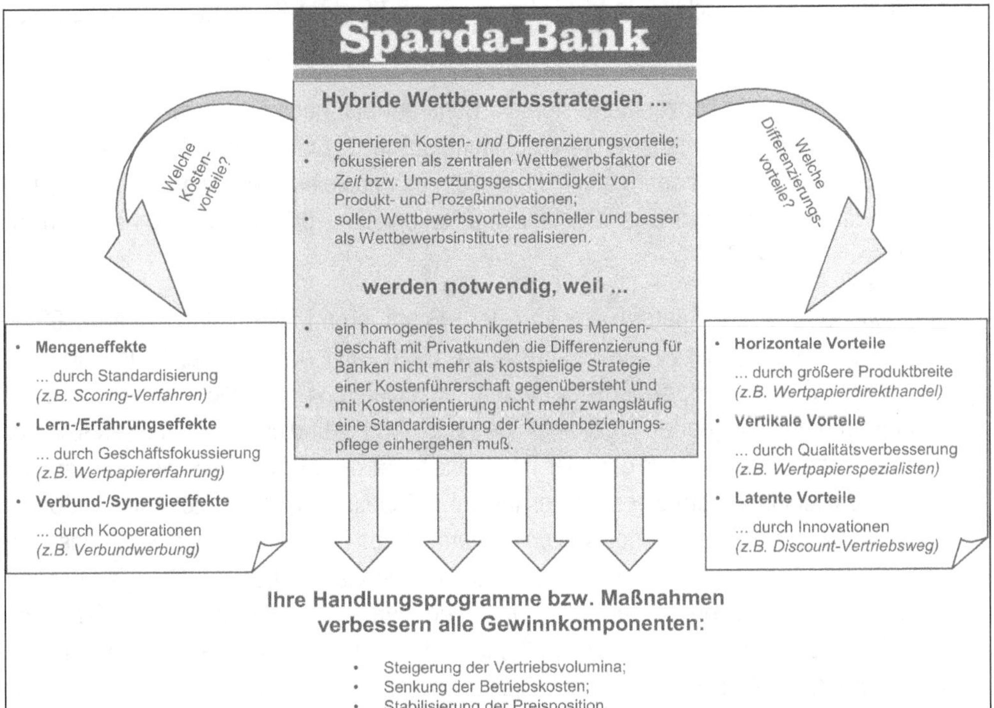

Abbildung 17: Strategisches Konzept zur Wettbewerbspositionierung „SMS 2009" [10]

[9] Vgl. Müller-Stewens/Lechner 2003: S. 266f. sowie Börner 2000: S. 402 und Gerpott 1998: S. 209.
[10] Quelle: Sparda-Bank Münster eG 2005: S. 8.

Für die Sparda-Bank Münster eG sollen folgende zwei Gruppen von Umsetzungsergebnissen hybrider Wettbewerbsstrategien wirksam werden:

(1) Als *Kostenvorteile* werden Mengeneffekte durch Standardisierungen, Lern-/Erfahrungskonzepte durch Geschäftsfokussierungen und Verbund-/Synergieeffekte durch Kooperationen angestrebt.

(2) Als *Differenzierungsvorteile* sollen horizontale (= größere Produktbreite), vertikale (= Qualitätsverbesserungen) und latente Vorteile (= Innovationsergebnisse) gelten.

Relevant wird das Konzept zusammenfassend dann, wenn Unternehmen in technikgetriebenen Branchen agieren und dabei vertriebsseitig den Multikanal heranziehen können. Letzterer ergänzt dann zum stationären Vertrieb den Leistungsabsatz via Telefon und Internet. Damit machte primär der technische Fortschritt seit den 1980er Jahren innerhalb der Informations- und Kommunikationstechnologie – vor allem bei Datenbanksystemen und Internet-Anwendungen – die Entwicklung und Implementierung hybrider Wettbewerbstrategien möglich.

Mit ihrer „Strategie 2009" konzentrierte sich die Bank auf Maßnahmenpakete zur (1) Realisierung kontrollierter Vertriebsoffensiven (= Wachstum) sowie (2) Optimierung der gesamten Kostenstruktur mittels Innovationspartnerschaften. Ziel der *parallelen* Verbesserung von Vertrieb und Kosten ist das Erreichen einer Cost/Income-Ratio kleiner 0,60 (Ende 2004 = 0,70) mit dem Jahresabschluß 2007.

(1) *Vertriebsoffensive:* Die Sparda-Bank Münster eG hat ihren Multikanalansatz ab 2003 gemäß neuerer empirischer Analysen strukturiert: Dazu zählt zunächst der Grundsatz, Kunden einen Preis je Bankdienstleistungen anzubieten, unabhängig davon, welcher Vertriebsweg des integrierten Multikanals gewählt wird.[11] Auf diese Weise lassen sich optionale Umsatzverluste bei nur geringer Preissensibilität der Multikanalkunden im Vergleich zu Direktbankkunden vermeiden. Unser Institut bot diesbezüglich ab 2004 keine Sonderkonditionen mehr für die Internet-Nutzung *innerhalb* des Multikanals an, z.B. für das Internet-Brokerage gegenüber dem filialgeführten Kundendepot. Um im Nachgang jedoch explizit die preissensibelsten Kunden nicht zu verlieren, wurde der Internet-Vertrieb mittels einer Ergänzungsstrategie, d.h. des Aufbaus und Betriebs eines direktbankähnlichen zusätzlichen Internet-Banking ausgebaut. Dieser Ansatz wird in Kapitel II. 3 als einer der wesentlichen Vertriebsoffensiven mit Einführung eines hochverzinsten Tagesgeldkontos genauer dargestellt.

Zur individuelleren Kundenansprache im Multikanal hat sich die Sparda-Bank Münster eG weiterhin in den letzten Jahren verstärkt in die Kooperation mit der Sparda-Software GmbH

[11] Vgl. zur Herleitung des Grundsatzes die beiden Studien in Knüfermann 2003a: S. 190-198 und Knüfermann 2005: S. 117-120.

(SSG) eingebracht. Die SSG ist das Datenherz der Gruppe aller Sparda-Banken und somit neben der Sparda-Datenverarbeitung eG (SDV) eines der wichtigsten Unternehmen der Sparda-Bankengruppe. Demnach stellt die SSG das Data-Ware-House zur Umsetzung des hausindividuellen Databased Marketing bereit. Hierzu zählt das zentrale Kampagnen-Management der Sparda-Bank Münster eG, für das die SSG die Kundensegmentierung auf Basis der Berechnungen von Kundenwerten und Kaufwahrscheinlichkeiten durchführt. Ziel ist es, durch optimal segmentierte Kundengruppen die Grundgesamtheit für einzelne Kampagnen zu senken und gleichzeitig die Abschlußquote zu erhöhen, um die Kampagneneffizienz zu steigern. Bei lernprozessgestützten Datenbanksystemen, wie auch die SSG eines verwendet, hält Poscharsky (2004) – ceteris paribus – eine Reduktion der Zielgruppengröße von „(...) anfänglich 100.000 Kunden auf 500 (...)"[12] für möglich. Das Databased Marketing ist damit ein sehr bedeutender Baustein zur Individualisierung des Privatkundenbankgeschäfts, das trotz Standardisierung und Kostenorientierung im Sinn der Hybridstrategie dann auch (kunden-)differenziert umgesetzt werden kann.[13]

Neben dem Ausbau des Multikanalvertriebs sind folgende zwei Teilpakete wesentlich für die Vertriebsoffensive der Sparda-Bank Münster eG, nämlich die weitere Anpassung des stationären Bankvertriebs an zeitliche und räumliche Kundenanforderungen (vgl. Kap. II.2) sowie die Intensivierung des Vermittlungsgeschäfts durch den mobilen Außendienst zur Ergänzung des originären Bankvertriebs (vgl. Kap. III.3).

(2) *Innovationspartnerschaften:* Zur Optimierung der Kostenstruktur setzt die Sparda-Bank Münster eG im Rahmen Ihrer „Strategie 2009" auf Innovationspartnerschaften, die sich nach Fink et al. (2004a) als dritte Generation der Wertschöpfung darstellen lassen.[14] Dann sind sie Ergebnis und Integration von Geschäftsprozessoptimierung und Geschäftsprozess-Outsourcing mit dem Ziel: „(...) durch neuartige Innovationspartnerschaften (...) extreme Formen der überbetrieblichen Arbeitsteilung und Spezialisierung verwirklichen (zu) lassen."[15]

Die wichtigsten Innovationspartner der Sparda-Bank Münster eG sind zunächst die Verbundunternehmen. Dazu zählt neben der SSG und der SDV auch die Sparda-Telefonservice GmbH (STSG), die von einer Vielzahl deutscher Sparda-Banken und auch der Sparda-Bank Münster eG als zentrales Call-Center herangezogen wird. Durch die Auslagerung des Call-Center einschließlich aller ergänzenden Prozesse und Funktionen, wie z.B. Terminvereinbarung oder Termineintragung für Berater, werden Kompetenzen institutsübergreifend fokussiert. Im Ergebnis steigert die Sparda-Bank Münster eG die Prozessqualität rund um das Call-Center und ist in der Lage, zuvor eigene Fixkosten nach

[12] Poscharsky 2004: S. 317.
[13] Vgl. auch Köhler 2004: S. 25.
[14] Vgl. hier und im weiteren die Arbeit von Fink et al. 2004a.
[15] Fink et al. 2004b: S. 11.

Auslagerung variabilisiert sowie die Stückkosten mittelfristig gesenkt zu haben. Weil dieselben Ergebnisse auch für die Partnerschaften mit der SDV und der SSG gelten, konnte die Sparda-Bank Münster eG allein mit diesen Auslagerungsaktivitäten seit Mitte 2004 bis heute (Herbst 2005) eine beträchtliche Steigerungen der Wertschöpfungseffizienz erreichen.

Der Ausbau von Innovationspartnerschaften bleibt aber nicht nur auf Verbundunternehmen beschränkt. Vielmehr übernehmen auch Sparda-Banken selbst Co-Kompetenzen der Sparda-Bank Münster eG wie beispielsweise die Sparda-Bank Berlin eG mit der zentralen Abwicklung des Zahlungsverkehrs und die Sparda-Bank Baden-Württemberg eG mit der kumulierten Durchführung von Marktfolgeaktivitäten für Passivbankgeschäfte. Ziele und Ergebnisse lassen sich bei diesen beiden Innovationspartnerschaften beschreiben wie jene zur Zusammenarbeit mit der STSG: Die betrieblichen Fixkosten sind variabilisiert und der Aufbau von Kernkompetenzen führt zu Qualitätsverbesserungen in der Abwicklung.

Doch Innovationspartnerschaften baut die Sparda-Bank Münster eG nicht nur zu den genannten Unternehmen der Sparda-Bankengruppe selbst auf. Auch Kooperationen innerhalb des Bundesverband der Volksbanken und Raiffeisenbanken e.V., wie z.B. mit der Union Investment AG oder der Bausparkasse Schwäbisch Hall AG (vgl. Kap. III.2), sollten unseres Erachtens zukünftig zu den skizzierten Partnerschaften hin ausgebaut werden.

Beide Maßnahmenpakete, die kontrollierte Vertriebsoffensive und die Innovationspartnerschaften, bedingen sich letztlich einander. Für die Sparda-Bank Münster eG heißt es, dass der Mitarbeiterschwerpunkt signifikant in Richtung Vertrieb verschoben werden konnte: Während Ende des Jahres 1994 nur 52% von 227 Mitarbeitern im Vertrieb beschäftigt waren, werden es Ende 2005 schon 69% von insgesamt 297 Mitarbeitern sein, wie Abbildung 18 visualisiert.

Die aufgezeigten Ansätze der Sparda-Bank Münster eG, zur Strukturierung des Multikanalansatzes zielen allesamt darauf ab, die Kundenzufriedenheit in Bezug auf das eigene Haus zu erhöhen. Alle vertriebsseitigen Maßnahmen leisten dazu Beiträge: Wo Kunden einen Mehrwert erfahren, wird investiert (z.B. in den Aufbau eines hochverzinsten Tagesgeldkontos oder die Sicherung von Filialstandorten) – wo Kunden keinen Mehrwert erfahren, wird ressourcenanpassend optimiert. Erst diese deutliche Positionierung stellt klar, dass die Sparda-Bank Münster eG nicht zu ihrem Selbstzweck handelt, sondern im Kontext ihrer genossenschaftlichen Struktur ausschließlich zum Nutzen Ihrer Mitglieder. Es reicht dazu jedoch nicht aus, allein den Multikanalansatz zu optimieren. Im weiteren Kapitel II.2 wird deshalb explizit auf die Modernisierung des stationären Vertriebswegs näher eingegangen.

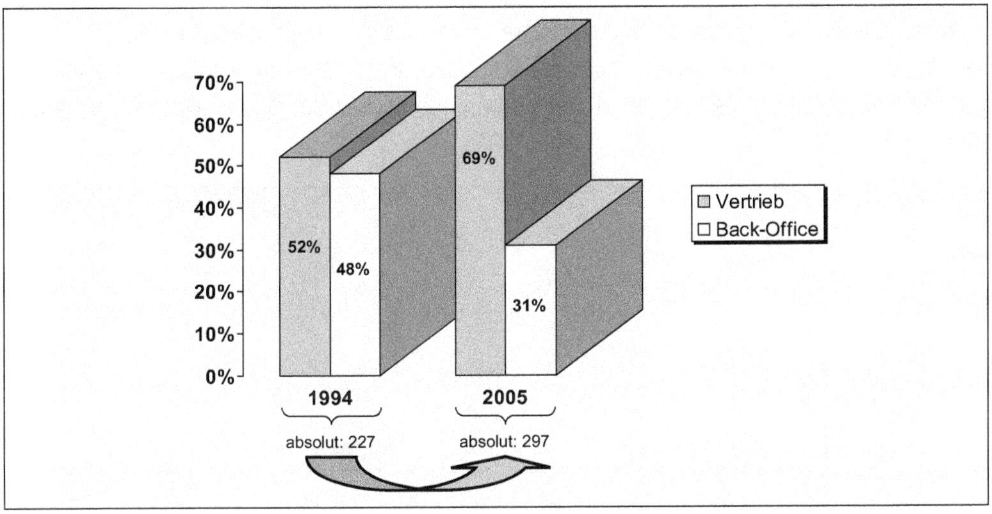

Abbildung 18: Mitarbeiteranteile der Sparda-Bank Münster eG im Vergleich von Vertrieb und Back-Office jeweils Ende 1994 und Ende 2005[16]

2. Stationärer Vertrieb mit Öffnungszeiten wie der Einzelhandel

Zur Modernisierung des Vertriebs gehört nicht nur die Erweiterung des Filial-Banking um Varianten des Direct-Banking, sondern auch die Weiterentwicklung des stationär-personengebundenen Vertriebs selbst. Das Direct-Banking mit der deutlich verbesserten Kundentransparenz über Wettbewerbspreise zu einer Emanzipation der Privatkunden im Bankgeschäft geführt, wie sie die Branche zuvor noch nicht erlebte. Um Kunden im stationären Vertrieb erreichen zu können, bedarf es Konzepten, die Zweigstellen als geographische Ankerpunkte im vermehrt elektronisch-lastigen Multikanal nutzbar machen. Ein solches Konzept hat die Sparda-Bank Münster eG im Rahmen ihrer 100%igen Tochtergesellschaft, der C.I.C.S. AG (vgl. Abb. 19), mit dem, auch Shop-Banking genannten, Center-Banking entwickelt und erfolgreich im Markt eingeführt.

Die C.I.C.S. AG (Cash Information Customer Service) ist eine Vertriebsgesellschaft für Bankdienstleistungen. Sie stellt in ihrem Geschäftsmodell explizit auf das Center-Banking ab. Dazu übernimmt sie im Insourcing-Verfahren unter dem Label der Sparda-Bank Münster eG zunächst das themenspezifische Consulting (vor allem Standort-Analysen) sowie den Aufbau und Betrieb von Bank-Center (Mitarbeiter und Infrastruktur) für In-Store-Banking, Banking an hochfrequentierten Innenstadtlagen und/oder Automaten-Banking. Das Tochtermodell spielt

[16] Quelle: Sparda-Bank Münster eG 2005: Unternehmensangaben.

dabei eine zentrale Rolle, um auch Vertriebsaktivitäten für weitere Mandantenbanken über das Mutterinstitut hinaus akquirieren und realisieren zu können. Derzeit betrachtet die C.I.C.S. AG die Gruppe der Sparda-Banken als ihre Zielkunden. Entsprechend wurde die Gesellschaft auch im Frühjahr 2005 als Mitglied in den Verband deutscher Sparda-Banken e.V. aufgenommen.

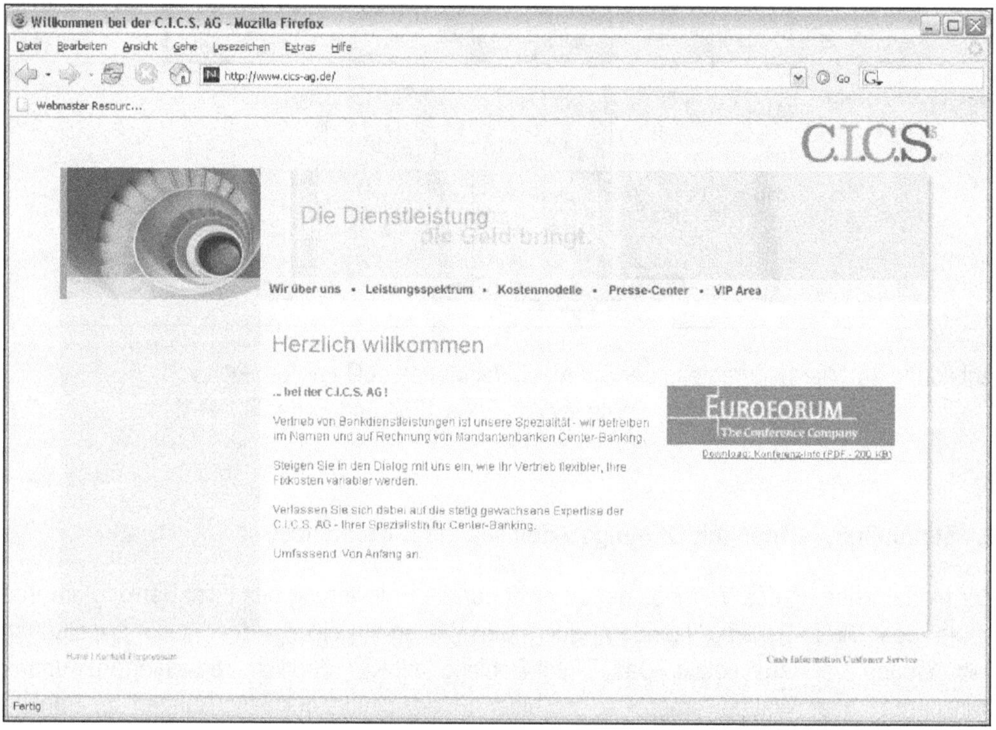

Abbildung 19: Homepage C.I.C.S. AG – Vertriebsgesellschaft für Bankdienstleistungen[17]

Center-Banking ist modernes Filialbankgeschäft mit modernen Geschäftsstellen im Shop-Charakter in Einkaufszentren (In-Store-Banking) oder an ähnlich hochfrequentierten Innenstadtstandorten (Out-Store-Banking). Es differenziert sich vom etablierten Filial-Banking kundenseitig durch Anreicherung von Bequemlichkeitsmerkmalen hinsichtlich Ort und Zeit, die bislang nur im Internet-Banking realisiert wurden, es sichert jedoch die persönlich-menschlichen Kundenkontakte in den Centern zur Nutzung von Cross-Selling-Potenzialen:

(1) *Ort:* Bank-Center werden dort installiert, wo Kunden auch aus anderen Gründen als dem des Center-Besuchs anzutreffen sind (z.B. privater Konsum). Mit Center-Banking gehen

[17] Quelle: *C.I.C.S. AG 2005, URL: „www.cics-ag.de" (Seitenabruf am 02. Oktober 2005).*

Kreditinstitute einen Schritt in Richtung ihrer Kunden und warten nicht passiv auf Kundenbesuche in etablierten (Stadtteil-)Filialen.

(2) *Zeit:* Der örtliche Bezug zu Innenstädten oder Einkaufszentren impliziert die Notwendigkeit zur Ausweitung der Geschäftsöffnungszeiten in die Abendstunden und auf Samstage. Auf diese Weise lässt sich die Zielkundengruppe des stationär-personengebundenen Bankgeschäfts durchaus auf die moderne Kundenklientel ausweiten, die tagsüber kein Interesse hat, Alltagsgeschäfte des Privatlebens durchzuführen.

Vor dem Hintergrund der „Strategie 2009" der Sparda-Bank Münster eG liefert die C.I.C.S. AG zu beiden Wettbewerbspositionen besondere Mehrwerte. Die nachfolgend skizzierten Kosten- und Differenzierungsvorteile lassen sich dazu auch auf die weiteren Mandantenbanken übertragen, mit denen die C.I.C.S. AG Projektgeschäfte eingeht:

(1) *Betriebskosten:* Neben der infrastrukturtechnischen Center-Bereitstellung übernimmt die C.I.C.S. AG auch das Personal-Management. Dabei gewinnt sie eigenes Personal und bildet es vertriebsorientiert weiter. So lassen sich betriebskostengünstig die Öffnungszeiten der Center an denen des örtlichen Einzelhandels ausrichten, also bis in die Abende hinein sowie an Samstagen. Aus Sicht der Mandantenbanken ergibt sich damit die Chance, Fixkosten für Infrastruktur- und Personaleinsatz zu variabilisieren.

(2) *Differenzierung:* Die C.I.C.S. AG steigert die Vertriebsqualität enorm. Dazu werden die Mitarbeiter explizit auf das Holgeschäft geschult. Erfahrungen zeigen, dass Kundenberater häufig Hemmungen besitzen, auf Kunden zuzugehen. Dies war früher selten notwendig, da die Kunden immer zu den Anbietern kamen. Heute ist aber ein Umdenken erforderlich, wenn Banken Kundenabwanderungen an Direktbanken und/oder Retail-Vermögensberatungen und/oder Strukturvertrieben und/oder Versicherungen vermeiden wollen. Kunden kommen zumeist nicht explizit für den Besuch eines Kreditinstituts in die Innenstadt oder in ein Einkaufszentrum. Center-Mitarbeiter müssen daher aktiver verkaufen, auch wenn es in der Kreditwirtschaft meistens nur *beraten* heißt; aber Beratung ist Vertrieb und Vertrieb ist nichts anderes als Verkauf. Die C.I.C.S. AG hat entsprechend ein Marketing-Konzept entwickelt, das sie individuell an den Rahmenbedingungen ihrer Mandantenbanken ausrichtet.[18] Insofern baut sie eine Spezialkompetenz auf. Ihre Angebotsgestaltung für den Bankdienstleistungsvertrieb mittels Center-Banking entwickelt sie kontinuierlich in Form ihrer Vermarktungskonzepte weiter.

Das *Dienstleistungsangebot* der C.I.C.S. AG ist projekttechnisch zweigliedrig aufgebaut: Zunächst ist eine Standort-Analyse durchzuführen, die sich aus den zwei Modulen der Standort-Recherche und des Standort-Konzepts zusammengesetzt. Dann schließt sich die Center-

[18] Siehe dazu ausführlich die Knüfermann/Kalisch 2003: S. 399-403.

Realisierung mit den zwei Modulen des Center-Aufbaus und des Center-Betriebs an. Die *Leistungsverrechnung* orientiert die C.I.C.S. AG an der unternehmerischen Risikoverteilung: Eine einmalige, standortbezogene Projektpauschale deckt vordefinierte Vorlaufkosten ab. Ein jährlich zu zahlendes Fixum ist Entgelt für Teile der Aufbau- und technischen Infrastrukturleistungen. Ziel eines Center-Projekts der C.I.C.S. AG ist jedoch ein möglichst geringes Fixum anzubieten, um die Projektrefinanzierung ausschließlich über den Vertriebserfolg zu generieren. Dazu dient die variable Entgeltverrechnung auf Provisionsbasis, die sich aus dem Vertriebserfolg im Center-Banking ergibt. Auf diese Weise demonstriert die C.I.C.S. AG ihr Vertriebsengagement und ist im Erfolg transparent messbar.

Die Sparda-Bank Münster eG betreibt im Jahr 2005 sechs Banking-Center über die C.I.C.S. AG, zwei weitere Center befinden sich derzeit im Projektstatus und sollen im Jahr 2006 eröffnet werden. Die Umsetzung der „Strategie 2009" mittels Konzernaktivitäten der C.I.C.S. AG konnte der Sparda-Bank Münster eG einen Weg bieten, erfolgreich im Markt geographische Ankerpunkte für den Multikanal zu platzieren und geschäftsbezogen zu expandieren. Trotzdem ist die Sparda-Bank Münster eG nicht nur im stationär-personengebundenen Vertrieb innovativ. Vielmehr ist die Bank ebenfalls in der Lage, ihre Wettbewerbsposition im Direct-Banking durch eine Ergänzungsstrategie zum Multikanalkonzept effizient auszubauen. Damit liegt ein weiterer Teil bankseitiger Vertriebsstärke im Konzept der Bank für Direct-Banking.

3. Direct-Banking als Rückgrad eines Flächeninstituts

Die Sparda-Bank Münster eG bietet – wie in Kapitel II. 1 aufgezeigt – ihren Kunden einen strukturierten Multikanalvertrieb, d.h. Kunden können Bankdienstleistungen via Filial-Banking, Telefon-Banking und Internet-Banking nachfragen. Grundlage des Multikanals war der technische Fortschritt seit Mitte der 1990er Jahre. Damals gründeten private Kreditbanken konzerngebundene Direktbanktöchter, die vor allem das Internet-Banking im Markt verbreiteten und auf Grund ihrer Vertriebsstruktur Kostenvorteile realisierten. Im Ergebnis konnten und können Direktbanken ihre Kostenvorteile in Form überdurchschnittlicher Einlagenzinsen weitergeben. Auf dieser Basis konnten Direktbanken in Deutschland ihre Kundenzahl von 0,57 Mio. Ende 1990 auf 6,64 Mio. Ende 2004 steigern.[19] Im deutschen Bankenmarkt für Privatkunden kam es durch die Internet-Ökonomie zu einer regelrechten Revolution. Das zuvor notwendige und kostenintensive Zweigstellennetz fungierte nicht mehr als Markteintrittsbarriere für neu gegründete und/oder ausländische Kreditinstitute. In der Folge intensivierte sich der Wettbewerb im Privatkundengeschäft durch die Neuanbieter an sich als Wettbewerbsteilnehmer und ihre preisaggressiven Marktangebote und durch die erhöhte Preistransparenz auf Basis von Internet-Preisvergleichen.

[19] Vgl. Fuchs 2005: S. 12.

In der frühen Phase des Direct-Banking waren die elektronischen Vertriebswege noch systemtechnisch bedingt vom klassischen Filial-Banking getrennt. Doch Weiterentwicklungen der Banksysteme ermöglichten Ende des 20. Jahrhunderts die Integration der Kontoverbindungen unabhängig vom kundenseitig gewählten Vertriebsweg. Klassisch-etablierte Kreditinstitute gewannen so ihre Marktmacht teilweise zurück.[20] Doch innerhalb des Multikanals nahm und nimmt das Internet-Banking kontinuierlich an Bedeutung zu. So resümiert auch Plotheger (2004): „Dabei stehen die Chancen für traditionelle Banken mit entsprechenden Multi-Kanal-Strategien aktuell besser als für die „reinen" Direct- bzw. Online-Broker."[21]

Trotzdem leiden Multikanalbanken unter Einlagenabflüssen an Direktbanken aufgrund der überdurchschnittlichen Zinsangebote.[22] Aktuell wird zwar noch davon ausgegangen, dass „(...) ein Großteil der neuen Online-Konten (...) zwar nur zusätzliche Bankverbindungen, die der Kunde neben dem normalen Girokonto bei der Hausbank unterhalte, (...)"[23] seien. Es ist jedoch davon auszugehen, dass eine Großzahl der Direktbanken aus Zweitbankverbindungen Erstbankverbindungen machen wollen, um die Geschäftsbeziehung rentabler zu gestalten. Daher müssen Multikanalbanken bemüht sein, entsprechende Kundenabwanderungen zu vermeiden.

Dieser Sachverhalt gilt auch für die Sparda-Bank Münster eG, die ebenfalls bis 2003 hohe Direktbankabflüsse zu verzeichnen hatte und diesen im Rahmen der „Strategie 2009" entgegenwirken wollte. Dazu hatte sich das Institut schon im Vorfeld dafür entschieden, sich *nicht* am Aufbau und Betrieb einer eigenen oder verbundsseitigen Direktbank beteiligen zu wollen. Der konzeptionelle Gedanke dahinter war und ist, dass abwanderungsgefährdete Kunden nur in zu geringem Ausmaß bereit wären, für das Nicht-Abwandern trotzdem die Kontoverbindung zur Tochterbank neu aufbauen zu müssen. Beispiele aus dem deutschen Direktbankenmarkt demonstrieren heute die empirische Relevanz dieses vorausschauenden Gedankens.[24]

Dennoch sah sich das Institut zu Beginn des 21. Jahrhunderts durchaus unter Zugzwang, dem Wettbewerb der Direktbanken effektiv zu begegnen. Dazu wurde eine *Ergänzungsstrategie* zum bestehenden Multikanal entwickelt. Sie beschreibt den Aufbau eines zweiten, vom Multikanal separierten und somit direktbankähnlichen Internet-Banking. Technisch betrachtet handelt es sich bei dem ergänzten Internet-Banking um eine Duplizierung des Internet-Auftritts sowie der Banking-Anwendung aus dem Multikanal. Sie ermöglicht ein vom Multikanal differenziertes Web-Design und damit die verstärkte Ausrichtung der Web-Site an einer Internet-Zielgruppe. Hiermit einher gehen auch Kooperationsmöglichkeiten im E-Commerce, die im Multikanal nicht realisiert werden. Sodann bedarf eine solche Strategieumsetzung keinesfalls

[20] Vgl. ausführlich hier und im weiteren Knüfermann 2005: S. 9-11.
[21] Plotheger 2004: S. 451.
[22] Vgl. für viele Diskussionen Köhler 2005: S. 21; o.V. 2005: S. 27.
[23] Fuchs 2005: S. 12; siehe auch Kröger 2005: S. 22.
[24] Siehe dazu die Daten in Knüfermann 2003b: S. 945.

des Neuaufbaus eines Banking-Systems wie es für die Gründung einer eigenständigen Direktbank erforderlich ist. Vielmehr fußen die Investitionskosten der Strategieumsetzung ausschließlich im Web-Design sowie in der preispolitischen Gestaltung der Discount-Preise.

In dem neuen, den Multikanal ergänzenden Internet-Banking offeriert die Sparda-Bank Münster eG seit Ende 2003 unter dem Label „comfort-directbanking – der Sparda-Bank Münster" Discount-Angebote für abwanderungsgefährdete Bestandskunden sowie potenzielle, preissensible Neukunden.[25] Zunächst wurde nur ein hochverzinstes Tagesgeldkonto („comfort-cash") sowie ein entgeltfreies Verrechnungskonto angeboten. Im Sommer 2004 wurde das comfort-directbanking dann um das transaktionskostengünstige comfort-brokerage ergänzt. Abbildung 20 zeigt die aktuelle Homepage im comfort-directbanking.

Abbildung 20: Homepage des comfort-directbanking der Sparda-Bank Münster eG[26]

In der rund eineinhalbjährigen Geschäftstätigkeit wurden alle strategischen Ziele erreicht: Das Einlagenvolumen im comfort-cash lag Ende September 2005 bei über Euro 180 Mio. Rund

---

[25] Vgl. die ausführliche Darstellung der Ergänzungsstrategie in Kahl/Knüfermann 2004: S. 26-28.

[26] Quelle: Sparda-Bank Münster eG 2005, URL: „www.comfort-directbanking" (Seitenabruf am 02. Oktober 2005).

zwei Drittel der Einlagen waren „Neugeld", so dass die Umschichtungsphase (abwanderungsgefährdeter) Bestandskunden inzwischen abgeschlossen ist und das comfort-directbanking einen effektiven Beitrag zur Neukundenakquisition der Sparda-Bank Münster eG leistet. Derzeit befindet sich das comfort-directbanking in Arbeit zu einem Relaunch, der für Ende 2005 geplant ist. Abbildung 21 visualisiert das entsprechend geplante Web-Design für den Relaunch, an dem die Sparda-Bank Münster eG aktuell arbeitet.

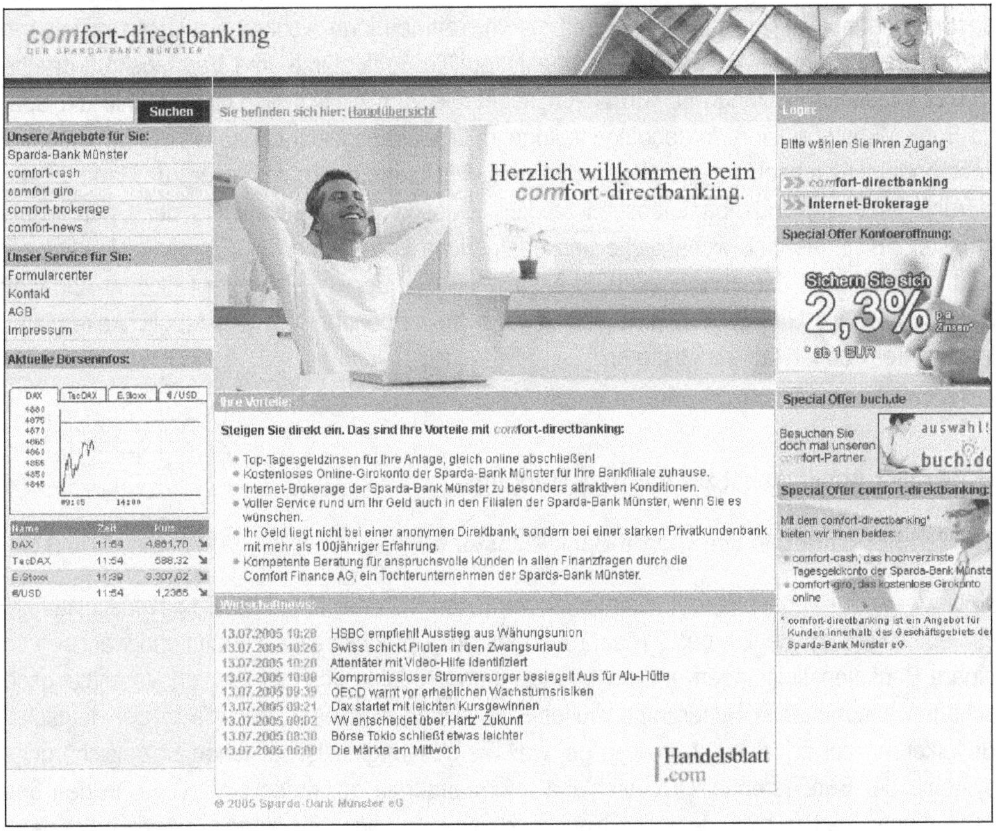

Abbildung 21: Geplante Homepage für den Relaunch im comfort-directbanking[27]

Bestandskunden, die das separierte Internet-Banking nachfragen, werden in eine virtuelle Filiale umgeschlüsselt. Sie behalten im Unterschied zur Gründung oder Beteiligung an einer Direktbank ihre Kontoverbindung bei. Sie müssen aber vordefinierte Zahlungsverkehrsleistungen mit einem Preisaufschlag zum Multikanal entgelten, wenn sie diese Leistungen nicht via Internet-Banking, sondern via Filial-Banking nachfragen. Für die Neukundenakquisition bedeutet die umgesetzte Ergänzungsstrategie, dass Kunden nicht bei einer anonymen Direktbank ihr

[27] Quelle: Sparda-Bank Münster eG/Agentur Stefan Pohl Projekt Anstalt 2005: Projektarbeitsunterlagen.

Konto eröffnen, sondern bei einer durch Zweigstellen bzw. geographische Ankerpunkte bekannten und persönlich aufsuchbaren Privatkundenbank. Auf diese Weise wird es möglich, mit Discount-Kunden Cross-Selling-Geschäfte (beispielsweise der Baufinanzierung) abzuwickeln, wenn diese neben dem Internet-Banking auch Beratungsleistungen nachfragen wollen. Die Sparda-Bank Münster eG ist somit bemüht, ihre Neukunden in den Multikanal überzuführen.

Alles in allem überzeugte die Sparda-Bank Münster eG nicht nur durch den Auf- und Ausbau des integrierten Multikanalansatzes, den sie im Rahmen ihrer Konzernaktivitäten mittels moderner Banking-Center kundenorientiert gestaltet. Die Bank stärkte ihre Vertriebskraft darüber hinaus mittels Umsetzung ihrer Ergänzungsstrategie zum Multikanal. Damit konnte die Sparda-Bank Münster eG ihre Angebotsgestaltung im Direktbankgeschäft ähnlich der Direktbanken kostenorientiert umsetzen und gleichzeitig den Multikanal als Erfolgsfaktor zur Marktdifferenzierung im Privatkundenbankgeschäft stärken. Das comfort-directbanking der Sparda-Bank Münster eG ist als eine wesentliche und erfolgreiche Umsetzung des Elements „kontrollierte Vertriebsoffensive" der „Strategie 2009" anzusehen. Die Bereitstellung der Discount-Angebote zeigt deutlich die Grundphilosophie des Hauses, freiwerdende Mittel und Möglichkeiten, stets im Sinn der Kunden zu re-investieren.

III. Mobiler Außendienst zur Vertriebsstärkung

1. Marktforschung in der Sparda-Bank Münster eG

Neben vertriebswegeseitigen Innovationen verändert sich der Markt für Bankdienstleistungen in Deutschland zu Beginn des 21. Jahrhunderts auch produktseitig. Zunehmend wachsen originäre Bankdienstleistungen und erweiterte Finanzprodukte im Rahmen von Vermittlungsgeschäften zusammen.[28] Hintergrund dieser Entwicklung sind neue Bedarfe in der deutschen Bevölkerung zur privaten Altersvorsorge, weil die gesamtgesellschaftlichen Sozialsicherungssysteme der Bundesrepublik Deutschland reformbedürftig geworden sind. Denn in den 60er Jahren entschied sich die deutsche Nachkriegsregierung noch für eine vollständige Staatsabsicherung des Kranken- und Altersvorsorgesystems für Arbeiter und Angestellte. Heute im 21. Jahrhundert ist deutlich geworden, dass ein solches Umverteilungssystem finanzpolitisch nicht mehr aufrecht zu erhalten ist. So liegen die staatlichen Ausgaben weit oberhalb der Einnahmen; z.B. wurden bereits im Jahr 2002 rund 25% der Ausgaben der gesetzlichen Rentenversicherung durch Bundeszuschüsse finanziert.[29] Die Finanzierungsprobleme der gesetzlichen Rentenversicherung sind vor allem darauf zurückzuführen, dass immer weniger arbeitende Personen eine immer größer werdende Zahl von Rentenempfängern finanzieren müssen.[30] In

[28] Vgl. Knüfermann 2003: S. 1-3 sowie die dort zitierte Literatur.
[29] Vgl. Sinn 2004: S. 355f.
[30] Vgl. Steingart 2004: S. 86-96.

Konsequenz führt die so genannte Alterspyramide zu notwendigerweise wachsenden Anteilen privatwirtschaftlicher Vorsorgeleistungen. Der Präsident des ifo Instituts für Wirtschaftsforschung (München), Prof. Dr. h.c. Hans-Werner Sinn, fordert sodann: „Die Ersparnis ist Pflicht, um auszuschließen, dass jemand darauf spekulieren kann, sich im Alter durch die Sozialhilfe versorgen zu lassen und sich deshalb heute ein schönes Leben macht, statt für das Alter zu sparen.“[31]

Um diesen Wandel auch innerhalb des Bestandskundenstamms der Sparda-Bank Münster eG quantitativ zu erfassen, wertete die Bank eine repräsentative Kundenerhebung aus dem Sommer 2004 aus.[32] Dazu wurden aus allen Kunden der Sparda-Bank Münster eG zunächst diejenigen 81,6 Tsd. mit aktivem Girokonto und einem Alter ab 18 Jahren ausgewählt. Aus dieser Kundengruppe wurde eine repräsentative Stichprobe in Höhe von 1.000 Kunden identifiziert und schriftlich zu verschiedenen Aspekten befragt. Durchgängig antwortete rund die Hälfte aller angeschriebenen Kunden in einer wiederum repräsentativen Struktur.

Abbildung 22 informiert über die Antworten zu den Fragen, als wie wichtig Kunden es bewerten, dass Bankmitarbeiter ihre persönlichen Geldanlagebedürfnisse und Wertpapierinvestitionsziele kennen. Auf einer fünfstufigen Skala mit den Ausprägungen „unwichtig“, „wenig wichtig“, „wichtig“, „sehr wichtig“ und „unverzichtbar“ antworteten Kunden zu beiden Fragen im Durchschnitt mit „wichtig“. Die Kundengruppe, die beide jeweils mit „sehr wichtig“ und „unverzichtbar“ antwortete, beträgt 38,2% bei Geldanlagen und 35,6% bei Wertpapiergeschäften. Jeweils mehr als ein Drittel der Bestandskunden besitzt hochgerechnet auf die Sparda-Bank Münster eG also eine ausgeprägte Beratungsaffinität. Dieses Ergebnis überrascht insofern, als die Mehrheit der Bestandskunden die Bank zur Nachfrage preisattraktiver Standardleistungen aufsucht. So bewerteten 97,1% der antwortenden Kunden die Wichtigkeit eines für sie kostenlos bereitgestellten Girokontos als „sehr wichtig“ (40,3%) und „unverzichtbar“ (56,8%). Damit zeigt sich, dass immerhin ein Drittel der Bestandskunden neben preisattraktiven Standardleistungen auch Beratungsgeschäfte nachfragen möchte.

Die Beratungsbedürfnisse gehen sogar über die originären Bankgeschäfte hinaus und tangieren Vermittlungsgeschäfte mit Versicherungen, Bausparverträge etc. So bewerteten antwortende Kunden der Sparda-Bank Münster eG, die Vermittlung zusätzlicher Bankprodukte über Kooperationspartner, knapp als „wichtig“, wie Abbildung 7 informiert. Hier antworteten immer noch 24,2% der Kunden mit „sehr wichtig“ (19,2%) und „unverzichtbar“ (5,0%). Doch das Zusammenwachsen des Vertriebs originärer Bank- und ergänzender Finanzdienstleistungen blieb in den zurückliegenden Jahren nicht ohne Problemdiskussionen. Denn die Kulturen des klassischen Bankgeschäfts sind nur schwer mit denen der Finanzgeschäfte oder Versicherun-

---

[31] Sinn 2004: S. 397.

[32] Die Untersuchung war empirische Basis zur Herleitung des estma-konzepts von Knüfermann 2005 (siehe dort zum Studien-Design die S. 51-60).

gen zusammenzubringen: „Der Wandel der klassischen Bank Richtung Vertrieb ist (...) ein Drahtseilakt. Die Berater dürfen nicht zu aggressiv vorgehen, um nicht ihren Vertrauensbonus zu verlieren, den die Banken immer noch gegenüber den Strukturvertrieben haben (...)".[33]

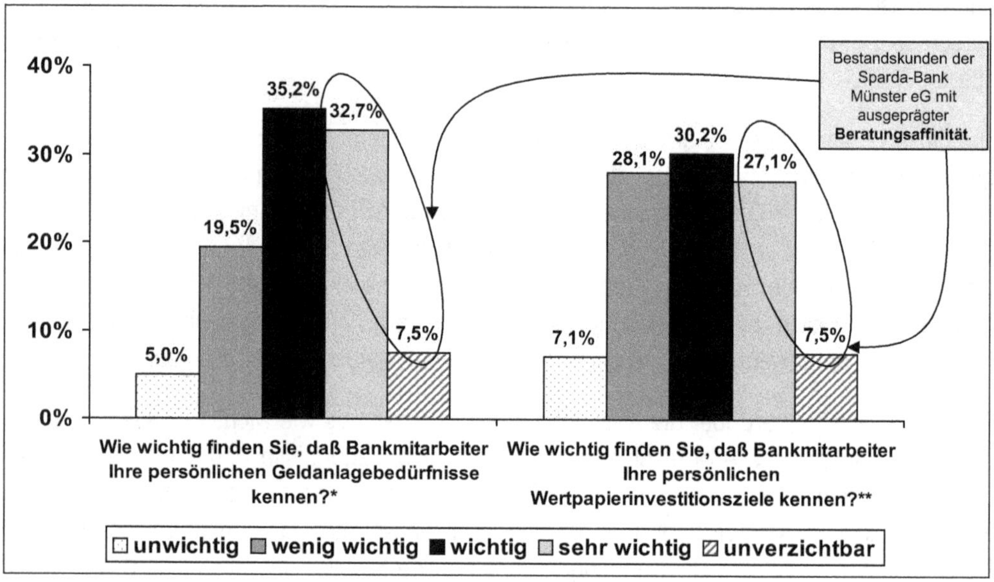

* Mittelwert = 2,18; Fallzahl = 477; repräsentative Grundgesamtheit = 1.000.

** Mittelwert = 2,00; Fallzahl = 480; repräsentative Grundgesamtheit = 1.000.

Abbildung 22: Repräsentative Kundenantworten zu Beratungsbedürfnissen[34]

Ein mobiler Außendienst kann die Vertriebskraft einer Privatkundenbank verstärken, weil er die Vertriebskultur des Finanzdienstleistungssektors neben jener Kultur des Multikanalvertriebs von Kreditinstituten co-existieren lässt. Der mobile Vertrieb bleibt dann auch weiterhin vom Multikanalvertrieb losgelöst. Im Ergebnis ergänzen sich beide Kulturen nutzenstiftend für den Kunden. Hierzu liefert Abbildung 23 auch die Antwort der Kunden auf die Frage, ob die Vermittlungsgeschäfte ausschließlich über Tochtergesellschaften der Kreditinstitute anzubieten sind. Im Durchschnitt bewerteten antwortende Kunden diese Frage mit „wenig wichtig". Doch immer noch 10,5% der Kunden antworteten mit „sehr wichtig" (9,2%) und „unverzichtbar" (1,3%). Somit lassen sich zwei Kundengruppen für die Vermarktung von Vermittlungsgeschäften segmentieren, nämlich jene, die nur mit Banktochtergesellschaften Vermittlungsgeschäfte abwickeln wollen, und solche, bei denen sich die Kooperationspartner eben nicht aus Konzernverbundenheit rekrutieren müssen.

[33] Kort 2004: S. 23

[34] Quelle: In Anlehnung an Knüfermann 2005: S. 123.

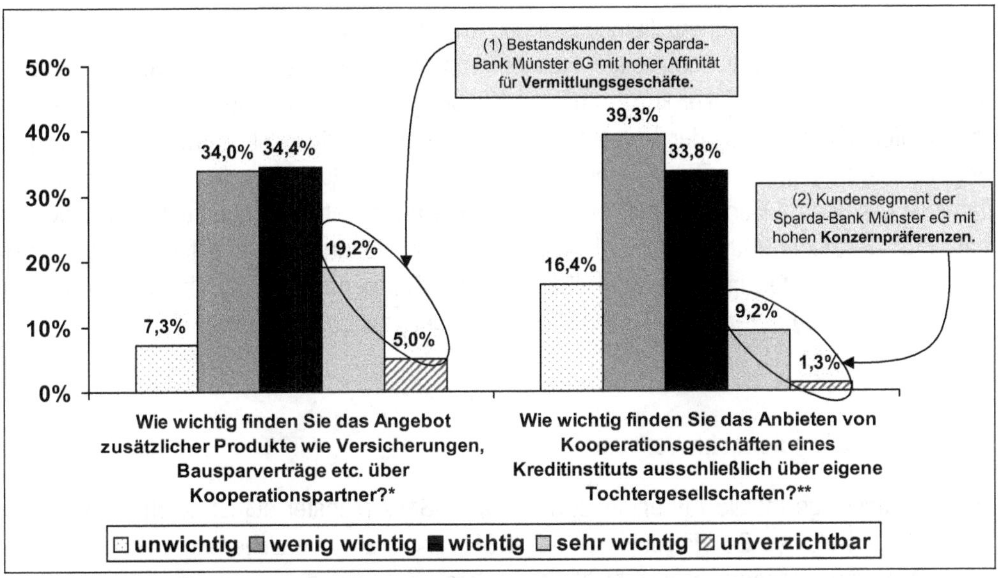

Abbildung 23: Repräsentative Kundenantworten zu Kooperationsgeschäften[35]

Mittels einer Kreuztabellenrechnung mit Antworten zu beiden Fragen aus Abbildung 23 lassen sich die zwei Kundensegmentpotenziale konkretisieren. Dazu wurden die Anteile der Kundenantworten in Bezug zur Notwendigkeit des Angebots von Vermittlungsgeschäften mit den Bewertungen „sehr wichtig“ und „unverzichtbar“ in zwei Gruppen differenziert: *Zum einen* wurden jene Kundenanteile aufsummiert, die eine Konzerngebundenheit der Angebote als „unwichtig“, „wenig wichtig“ und „wichtig“ einstufen. Dieses Kundensegment kann über Verbundpartner oder weitere Kooperationspartner des Kreditinstituts betreut werden. *Zum anderen* wurden solche Kundenanteile aufsummiert, die eine Konzerngebundenheit als „sehr wichtig“ und „unverzichtbar“ ansehen. Hierdurch wurde das Kundensegmentpotenzial identifiziert, das primär im Zugriff der eigenen Banktochter für einen Außendienst gestützten Finanzdienstleistungsvertrieb steht. Die quantitativen Ausprägungen dieser beiden Kundensegmentpotenziale belaufen sich hochgerechnet auf die gesamte Bestandsmitgliederzahl der Sparda-Bank Münster eG für einen mobilen Finanzdienstleistungsvertrieb über...

- *freie Kooperationspartner* 18,0% der 117 Tsd. Mitglieder (also rund 21 Tsd.).
- eine institutseigene *Konzerngesellschaft* 6,2% der 117 Tsd. Mitglieder (also über 7 Tsd.).

Die Sparda-Bank Münster eG betreut entsprechend beide Kundensegmente mit jeweils einer der beiden Ausprägungen des mobilen Außendienstes. Der größeren, weniger konzernaffinen

[35] Quelle: In Anlehnung an Knüfermann 2005: S. 125 ,(*Mittelwert = 1,81; Fallzahl = 479; repräsentative Grundgesamtheit = 1.000; **Mittelwert = 1,40; Fallzahl = 476; repräsentative Grundgesamtheit = 1.000).

Kundengruppe werden Finanzdienstleistungen durch den verbundseitigen mobilen Außendienst der Bausparkasse Schwäbisch Hall AG und der DEVK Versicherung a.G. angeboten (siehe Kap. III.2). Der stärker konzernaffinen Kundengruppe offeriert der mobile Außendienst der Comfort Finance AG, der Vermögensberatung der Sparda-Bank Münster eG, dagegen Finanzdienstleistungen im Rahmen eines ganzheitlichen Beratungsansatzes (siehe Kap. III.3). Damit ist die Sparda-Bank Münster eG auch mit ihrem mobilen Außendienst in der Lage, gemäß ihrer „Strategie 2009" parallel die Wettbewerbspositionen der Kostenführerschaft (durch Verbundkooperationen im Mengengeschäft) und der Differenzierung (durch eigenen mobilen Außendienst bei dafür rentablen Geschäftsbeziehungen) zu realisieren.

2. Mobiler Außendienst im Verbund

Der verbundseitige mobile Außendienst der Sparda-Bank Münster eG ist durch die Verbundpartner Bausparkasse Schwäbisch Hall AG (BSH) und DEVK Versicherung a.G. (DEVK) geprägt. Damit unterscheidet er sich nicht von anderen Kreditgenossenschaften, die direkt oder indirekt über Verbandsmitgliedschaften im Bundesverband der Volksbanken und Raiffeisenbanken e.V. (BVR) organisiert sind. Die Zusammenarbeit mit der BSH ist bei der Sparda-Bank Münster eG allerdings primär durch einen integrierten Vertrieb gekennzeichnet. Integrierter Vertrieb ist der Einsatz von BSH-Mitarbeitern wie eigene Bankangestellte in Bankzweigstellen. Er dient bankseitig insbesondere der Flexibilisierung von Personalstrukturen. Gerhard Hinterberger, Mitglied des Vorstands der BSH, fasst die Erfolgsfaktoren des mobilen Außendienstes wie folgt zusammen: „Der mobile Außendienst ist an keine Filial-Öffnungszeiten gebunden, kommt zum Kunden ins Haus und kann individuell auf dessen Beratungswünsche eingehen. Die auf den ersten Blick häufig kostenintensiven und für die Bank eher ertragsschwachen Service-Kunden können über Cross-Selling mit Schwäbisch Hall unter völlig neuen Wertschöpfungsgesichtspunkten betreut und aktiviert werden."[36]

Verkauft werden neben Bausparverträgen auch weitere Produkte wie Neukonten und Investment-Produkte der Union Investment AG. Jedoch ist der Vertrieb von Investment-Produkten vorwiegend wegen einschränkender Beraterhaftungsaspekte nur auf wenige vordefinierte Produkte beschränkt. Die Union Investment AG ist zwar ebenfalls Verbundunternehmen im BVR, bietet den Mitgliedsbanken jedoch keinen mobilen Vertrieb im Privatkundengeschäft an. Sie weicht an dieser Stelle auf die Kooperation mit der BSH aus, um vordefinierte Leistungen an Kundengruppen, die weder über das Filial-Banking der Sparda-Bank Münster eG, „(...) noch über elektronische Medien erreichbar sind, zu vertreiben (...)".[37], so Hans Joachim Reinke, Mitglied im Vorstand der Union Investment AG.

[36] Hinterberger 2004: S. 269.
[37] Reinke 2004: S. 289.

Im Unterschied zur Mitarbeiterstruktur der BSH auf Basis freier Handelsvertreter, arbeiten DEVK-Mitarbeiter im Angestelltenverhältnis. Sie sind teilweise, wie der BSH-Vertrieb, im Zweigstellennetz der Sparda-Bank Münster eG integriert. Auch unterscheiden sich beide Kooperationsprozesse voneinander: Potenzielle DEVK-Kunden werden durch Bankmitarbeiter aktiv an die DEVK übergeleitet. Lediglich Bestandsoptimierungen werden (zumeist) durch DEVK-Mitarbeiter mobil vollzogen. Grundsätzlich gilt bei der Provisionsverrechnung eine Erstabschlußregel, so dass es bankseitiges Ziel ist, Neugeschäftskunden in der eigenen Agentur der Sparda-Bank Münster eG zu akquirieren. Dann kann das Institut nämlich auch an Geschäftsabschlüssen durch DEVK-Mitarbeiter mit Bestandskunden partizipieren. Hierzu setzt die Bank gewöhnlich Lebens- und Sachversicherungskampagnen ein.

3. Mobiler Außendienst mittels Tochtergesellschaft

Die Sparda-Bank Münster eG hat sich bereits Ende des 20. Jahrhunderts mit der Frage auseinandergesetzt, wie sie als regionales Kreditinstitut auf die Integration des Vertriebs von Bank- und Finanzdienstleistungen reagieren soll. Als Antwort gründete sie im März 2001 über ihre 100%ige Tochtergesellschaft C.I.C.S. AG die Comfort Finance AG als Vermögensberatungsgesellschaft mit den vier Geschäftsfeldern Absicherungen, Geldanlagen, Finanzierungen und Altersvorsorgeleistungen.[38]

Aus Konzernsicht dient die Comfort Finance AG der Intensivierung von Geschäftsbeziehungen im Bestandskundenstamm der Sparda-Bank Münster eG durch Angebote über die Verbundprodukte hinaus. Dazu akquiriert die Banktochter ihre Kunden nicht nur innerhalb, sondern auch außerhalb der Sparda-Bank Münster eG. Im Unterschied zur Muttergesellschaft fokussiert die Comfort Finance AG auch Kunden in den Segmenten der Freiberufler und Firmenkunden, vor allem mit Blick auf Altersvorsorgethemen Damit leistet die Geschäftstätigkeit der Comfort Finance AG in drei Richtungen positive Beiträge zum Konzernerfolg: Sie ergänzt erstens die Betreuung der Bankkunden zur ganzheitlichen Beratung der Bank auf Konzernebene. Sie sichert darüber hinaus die Personalflexibilität durch den Einsatz freier Handelsvertreter – ein Aspekt, der (wie im BSH-Modell) auch den Bankvertrieb unterstützen kann. Ihre Produktangebote ergänzen ferner jene der Sparda-Bank Münster eG, so dass auf Konzernebene ein verstärkt kundenorientiert differenziertes Produktspektrum an (4) eine erweiterte (Konzern-) Zielkundengruppe angeboten werden kann. Wesentlicher Erfolgsfaktor der Comfort Finance AG ist die Berater- bzw. Beratungsqualität. Alle Berater verfügen über ein Studium oder eine Ausbildung im Banken- oder Versicherungswesen. Darüber hinaus werden sie in intensiven Schulungen auf ihre Beratertätigkeit vorbereitet und besuchen zusätzlich jährliche Pflichtweiterbildungen sowie freiwillige Weiterbildungen. Als weitere Steuerungskomponente dient die

[38] Zur Unternehmensstrategie der Comfort Finance AG siehe ausführlich Weimar 2004: S. 38f.

Kundenobergrenze von maximal 200 Klienten je Berater, um sicherzustellen, dass ausreichend Zeit für umfassende und individuelle Beratungen und Betreuungen besteht. Zum Vergleich werden hinsichtlich einer marktführenden Allfinanzvertriebsgesellschaft offiziell erst 350 Kunden je Berater als „(...) das Ende der Belastbarkeit (...)“[39] genannt.

Die gewählte Konzernlösung ermöglicht der Sparda-Bank Münster eG ihre Privatkunden im Bankgeschäft durch das Mutterhaus selbst, in der Vertriebswegeoptimierung durch Center-Banking über die C.I.C.S. AG sowie in der Vermögensberatung mit eigenem mobilen Außendienst via Comfort Finance AG vollständig und personengebunden zu betreuen. Für die nahe Zukunft fokussiert die Comfort Finance AG in erster Linie ihren Gründungszweck, nämlich die Ergänzung des Mutterhauses in der ganzheitlichen Kundenbetreuung. Das eigene organische Wachstum zur Verbesserung betriebswirtschaftlich relevanter Kennzahlenwerte muss dabei im Vordergrund der Geschäftstätigkeit stehen. Derzeit befindet sich der Markt für Finanzdienstleistungen in Zusammenhang mit der Suche der deutschen Bevölkerung nach eigeninitiierter Altervorsorge in einem enormen Umbruch bei gleichzeitiger Zurückhaltung der Kunden. Mit diesem neuen Bewusstsein der deutschen Bevölkerung für diesen notwendigen Trend steigt das Geschäftspotenzial der Comfort Finance AG zukünftig noch weiter an – aber auch jenes aller weiteren Vertriebsgesellschaften für Finanzdienstleistungen. Der entscheidende Wettbewerbsvorteil der Comfort Finance AG liegt deshalb aus Konzernsicht darin, dass standardisierte Retail-Banking mit dem individuellen Finanzdienstleistungsvertrieb in Einklang bringen zu können.

IV. Fazit

Die Sparda-Bank Münster eG zielt mit ihrer „Strategie 2009“ auf die Generierung von Wettbewerbsvorteilen ab, die sie für ihre Bankbestandskunden sowie für potenzielle Neukunden attraktiv macht. Die Strategieumsetzung konnte bereits bis Herbst 2005 signifikante Geschäftserfolge forcieren. Dazu hat die Sparda-Bank Münster eG...

- den klaren Switch der Mitarbeiteranteile hin zur mehrheitlichen Vertriebsorientierung geschafft, den Innovationspartnerschaften auch zukünftig sichern werden;
- den mobilen Vertrieb im Verbundgeschäft intensiviert;
- mittels eines eigenen Außendienstes erreicht, dass das Wissen über die eigenen Bestandskunden im eigenen Haus bleibt, welches mittels Date-Ware-House nutzbar gemacht wird, konzernseitig das neue Kundensegment der Freiberufler und Firmenkunden erschlossen wurde und der Kundenwunsch, alle Bank- und Finanzdienstleistungen im Rah-

[39] Vgl. o.V. 2004b: S. 38.

men eines ganzheitlichen Ansatzes „aus einer Hand“ angeboten zu bekommen, erfüllt wurde.

Im Ergebnis ist die Sparda-Bank Münster eG in das Lage, ihre Angebotsgestaltung zum Nutzen ihrer Kunden zu realisieren. Dazu zählen Ende September 2005 *produktseitig* z.B. ein für Kunden kostenloses Girokonto, ein mit 2,3% überdurchschnittlich verzinstes Tagesgeldkonto ab dem ersten Euro, eine 4,1%ige Baufinanzierung für 15 Jahre fest. *Vertriebswegeseitig* sind z.B. der mobile Verbundvertrieb und der eigene Außendienst in Ergänzung des eigenen Zweigstellennetzes mit Öffnungszeiten anzuführen, die mit denen im Einzelhandel verglichen werden können.

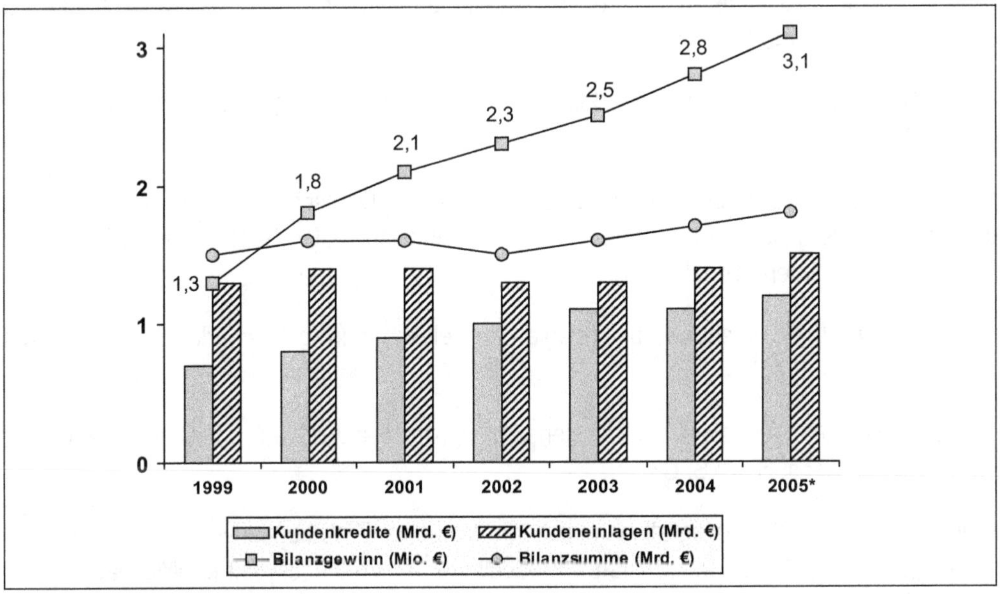

Abbildung 24: Sparda-Bank Münster eG – Entwicklungen 1999 bis 2005[40]

Alles in allem konnte die Sparda-Bank Münster eG in zweijähriger Implementierungsarbeit einen Großteil ihrer „Strategie 2009“ zum Nutzen ihrer Kunden erfolgreich im Markt umsetzen. An dieser Stelle führte sie die erfolgreiche Marktorientierung fort, die sie bereits mit ihrer „Strategie 2005“ aus dem Jahr 1996 in Kraft setzte. Abbildung 24 visualisiert die quantitativen Erfolgsentwicklungen durch nahezu kontinuierlich steigende Geraden für die Bilanzsumme und den Bilanzgewinn sowie die Kundenkredite und Kundeneinlagen jeweils im Zeitfenster von 1999 bis 2005. Damit ist die Sparda-Bank Münster eG auch für die Zukunft positiv positioniert, vor allem vor dem Hintergrund einer kontinuierlichen und innovativen Verbesserung der Prozesse und Business-Sparten.

[40] Quelle: Sparda-Bank Münster eG 2005: Unternehmensangaben (*für 2005 Prognosewert).

Literaturhinweise

Bänziger, K. P. (2003): Vertriebsmanagement: Best Practice im Vertrieb – Die Säulen des erfolgsreichen Vertriebsmanagements, in: Jahns, C./Heim, G. (Hrsg.): Handbuch Management, Stuttgart: Schäffer-Poeschel, S. 113-135.

Fink, D./Köhler, T./Scholtissek, S. (2004a): Die dritte Revolution der Wertschöpfung, Düsseldorf: Econ.

Fink, D./Köhler, T./Scholtissek, S. (2004b): Geteilt zu neuer Größe, in: Harvard Business Manager, 26. Jg. (Februar): S. 8-11.

Fuchs, S. (2005): Online-Geschäft rüttelt Finanzbranche auf, in: Handelsblatt, 23. August 2005 (Nr. 162): S. 12.

Gerke, W. (2005): Der branchenweite Umbau geht weiter: Deutsche Geldinstitute rangieren im europäischen Vergleich nur noch im Mittelfeld, in: Handelsblatt, 07. September 2005 (Nr. 173), Beilage „Banken International“: S. 1.

Gerpott, T. J. (1998): Wettbewerbsstrategien im Telekommunikationsmarkt, Stuttgart: Schäffer-Poeschel.

Grass, S. (2005): Wachstum statt Kostensenkung, in: Handelsblatt, 05. Oktober 2005 (Nr. 192), Beilage „Consulting“: S. C3.

Hinterberger, G. (2004): Integrationsmodelle im Verbund: Privatkundenvertrieb im Multikanalsystem, in: Effert, D./Köhler, V. (Hrsg.): Wettbewerb der Vertriebssysteme, Wiesbaden: Gabler, S. 261-275.

Kahl, E./Knüfermann, M. (2004): Direktbanking pur ergänzt Multikanal, in: Bank und Markt, 33. Jg. (Nr. 3): S. 25-28.

Knüfermann, M. (2003a): Angebotsgestaltung im Internet-Banking für Privatkunden deutscher Sparkasse, Springer: Wien.

Knüfermann, M. (2003b): Der Multikanalgedanke als Diffusionstreiber im deutschen Internet-Banking, in: BankArchiv, 51. Jg. (Nr. 12): S: 943-946.

Knüfermann, M. (2005): Ethikbasiertes Strategisches Management: Werteeinstellungen als Erfolgsfaktor im Bankenmarkt, Heidelberg: Physica-Verlag.

Knüfermann, M./Kalisch, A. (2003): Strategische Positionierung des In-Store-Bankings im Multikanals, in: Betriebswirtschaftliche Blätter, 52. Jg. (Nr. 8), S. 399-403.

Köhler, P. (2005): Sparkassen wehren sich gegen Direktbanken, in: Handelsblatt, 08./09./10. Juli 2005 (Nr. 130): S. 21.

Köhler, V. (2004): Integrierter Multikanalvertrieb als Antwort auf den Strukturwandel, in: Effert, D./Köhler, V. (Hrsg.): Wettbewerb der Vertriebssysteme, Wiesbaden: Gabler, S. 19-39.

Kort, K. (2004): Banken erhöhen Verkaufsdruck, in: Handelsblatt, 19. Mai 2004 (Nr. 97): S. 23.

Krüger, M. (2005): Zugriff stoppen, in: Bankinformation, 32. Jg. (Nr. 9): S. 22f.

Müller-Stewens, G./Lechner, C. (2003): Strategisches Management, 2. Auflage, Stuttgart: Schäffer-Poeschel.

O.V. (2004a): Frankfurter Sparkasse: Krise als Chance, in: Handelsblatt, 05. April 2004 (Nr. 67): S. 9.

O.V. (2004b): AWD: Das Geschäftsmodell verschiebt sich, in: Bank und Markt, 33. Jg. (Nr. 4): 37-39.

O.V. (2005): Sparkassen kämpfen um ihre Kunden, in: Handelsblatt, 27. Januar 2005 (Nr. 19): S. 27.

Poscharsky, N. (2004): Database Marketing als Grundlage der Individualisierung im Retailbanking, in: Effert, D./Köhler, V. (Hrsg.): Wettbewerb der Vertriebssysteme, Wiesbaden: Gabler, S. 309-324.

Potthoff, C. (2004): Bankenkonsolidierung: Die Luft ist raus, in: Handelsblatt, 08. April 2004 (Nr. 70): S. 13.

Reinke, H. J. (2004): Die Privatkundenstrategie von Union Investment, in: Effert, D./Köhler, V. (Hrsg.): Wettbewerb der Vertriebssysteme, Wiesbaden: Gabler, S. 277-293.

Siebert, H. (2005): Jenseits des Sozialen Marktes, München: DVA.

Sinn, H.-W. (2004): Ist Deutschland noch zu retten? München: Econ.

Sparda-Bank Münster eG: Wettbewerbsstrategien „SMS 2009“: Reaktionsschnell zum Nutzen ihrer Kunden, Münster, hektographiertes Manuskript, 23 S. + 5 Anhänge.

Steingart, G. (2004): Deutschland: Der Abstieg eines Superstars, München: Piper.

Verband der Sparda-Banken e.V. (2005): Sparda-Banken 2004: Wachstum in allen Bereichen, elektronisch veröffentlicht unter der URL: „www.sparda.de/aktuell_presse_index_114832.html" (Seitenabruf am 25. September 2005).

Weimar, R. (2004): Vermögensberatung im Retail: die Strategie der Sparda Münster, in: Bank und Markt, 33 (Nr. 11): S. 37-39.

Wachstumsgrenzen im Bankgeschäft und ihre Folgen

PROF. DR. BERND ROLFES

Leiter des Lehrstuhls für Banken und Betriebliche Finanzwirtschaft
Universität Duisburg-Essen, Campus Duisburg

I. Einleitung

II. Begrenzte Wachstumspotenziale im Bankgeschäft

III. Steigende Wettbewerbsintensität und Ertragsdruck

IV. Fokussierung und Veränderung der Marktstrukturen

V. Fazit

I. Einleitung

Nicht zuletzt die stagnierende Gesamtwirtschaft hat die Wachstumsraten im Bankgeschäft in den zurückliegenden Jahren deutlich schrumpfen lassen. Gleichzeitig haben die Angebotskapazitäten angesichts des technologischen Fortschritts und neuer Wettbewerber, die mit spezifischen Geschäftsmodellen im klassischen Einlagen- und Kreditgeschäft angreifen, deutlich zugenommen. Im Folgenden werden diese Entwicklungen skizziert und ihre möglichen Folgen sowie der erforderliche Anpassungsbedarf für Banken und Sparkassen analysiert.

II. Begrenzte Wachstumspotenziale im Bankgeschäft

Die langfristige Entwicklung im Kundengeschäft der Banken ist durch einen kontinuierlichen Rückgang der Wachstumsraten des bilanziellen Leistungsvolumens (als Summe aus Kundenkredit- und -Einlagengeschäft) gekennzeichnet. Betrugen sie vor 30 Jahren noch deutlich über 10 Prozent p. a., so sind sie – zwischenzeitlich nur durch die zwei Sondereffekte der Wiedervereinigung und des Börsenbooms Ende der neunziger Jahre unterbrochen – zwischenzeitlich auf einem Niveau von etwa 3 Prozent p. a. angekommen (vgl. Abb. 25).

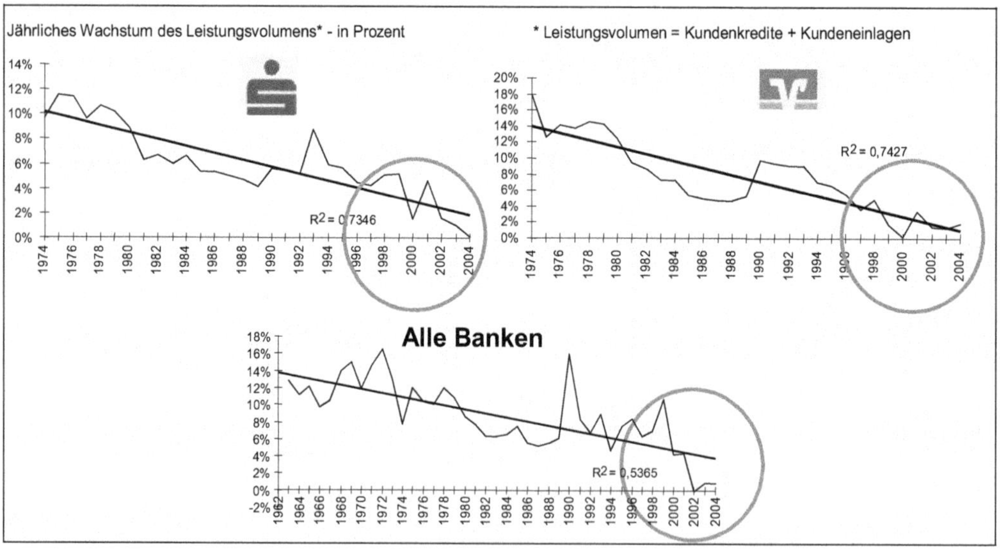

Abbildung 25: Wachstum im bilanziellen Kundengeschäft[1]

Dabei sind vor allem die Vermögensanlagen in bilanzielle Bankprodukte (ohne Sichteinlagen) betroffen. Seit Mitte der 90er Jahre haben die bilanziellen Anlageprodukte im Durchschnitt nur

[1] Quelle: Deutsche Bundesbank, zeb/research.

ein Wachstum von 0,3 Prozent p. a. erfahren. Demgegenüber lag diese Rate in den davor liegenden Phasen durchschnittlich noch bei etwa 4,5 Prozent p. a. (vgl. Abb. 26). Die eigenen Anlageprodukte der Banken und Sparkassen profitieren also mittlerweile nur noch schwach von der gesamten Neubildung des Geldvermögens.

Im Fahrwasser der schleppenden gesamtwirtschaftlichen Entwicklung der vergangenen Jahre sowie der hohen Risikokosten und der aufsichtsrechtlichen Entwicklungen sind im neuen Jahrtausend auch die Wachstumsraten der klassischen Bankfinanzierungsprodukte auf einen Tiefststand gefallen. So sank das Wachstum der Finanzierungsnachfrage der privaten Haushalte in den Jahren 2001 bis 2004 auf durchschnittlich 1,6 Prozent p. a. Hierzu trug nicht zuletzt die besonders negative Entwicklung des Immobiliengeschäfts und in diesem Zusammenhang vor allem die schwache Entwicklung im Wohnungsbau bei, die auf das Niveau der 80er Jahre zurückgefallen ist.

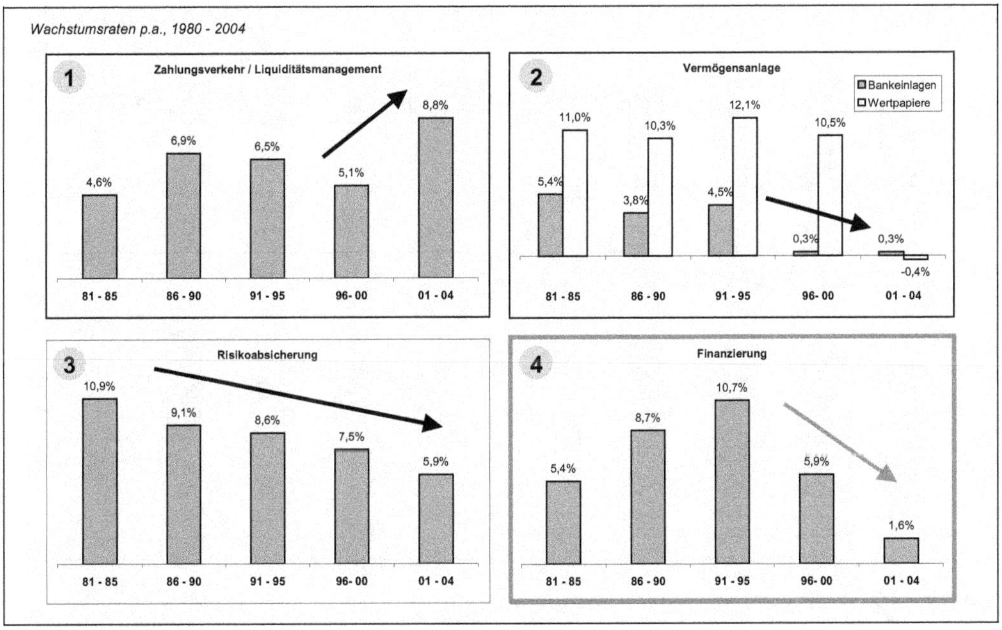

Abbildung 26: Vier Bedürfnisfelder (Private Haushalte)[2]

Im Firmenkundengeschäft wies zuletzt vor allem der Bereich Zahlungsverkehr und Liquiditätsmanagement eine negative Wachstumsbilanz auf. Wenn es im Einlagengeschäft auch wieder deutlichere Zuwächse gab, so haben sich die Wachstumsraten der von den Banken vergebenen Unternehmenskredite ähnlich wie bei den privaten Haushalten halbiert (vgl. Abb. 27). Letzteres ist einerseits wiederum in hohem Maße auf konjunkturelle Gründe zurückzufüh-

[2] Quelle: Deutsche Bundesbank, zeb/research.

ren, andererseits liegt diese Entwicklung aber auch in Veränderungen des regulatorischen Umfeldes wie Basel II und der damit einhergehenden Bonitätsratings begründet. So hat sich in den vergangenen Jahren die Innen- und Selbstfinanzierung der Unternehmen zu Lasten der Kreditnachfrage erhöht und die Bereitschaft der Unternehmen, die notwendige Verbesserung der Eigenkapitalquote und Passivstruktur herbeizuführen und dazu neue Finanzierungsformen und -instrumente einzusetzen, steigt. Zukünftig dürften in den Unternehmen andere Finanzierungsmöglichkeiten wie „Private Equity" oder „Mezzanine Capital" mehr und mehr neben den „klassischen" Bankkredit treten bzw. letzteren ersetzen. Für Banken und Sparkassen bedeutet dies, dass sie sich im Firmenkundengeschäft zunehmend mit angepassten und innovativen Finanzprodukten und Beratungsdienstleistungen positionieren müssen, um damit den differenzierteren Anforderungen der Corporate Finance Rechnung tragen zu können.

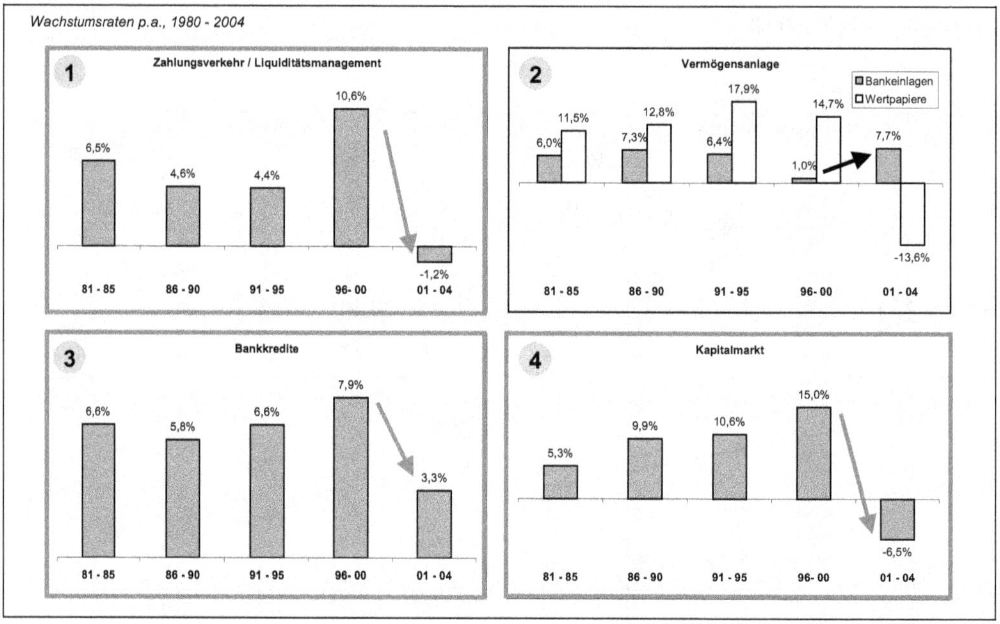

Abbildung 27: Vier Bedürfnisfelder (Unternehmen)[3]

Das generelle Wachstumsproblem im klassischen Bankgeschäft scheint sich in naher Zukunft nicht gesamtwirtschaftlich zu lösen. Längerfristig ausgerichtete Prognosen und Statistiken lassen jedenfalls trotz der sich aktuell verbessernden gesamtwirtschaftlichen Daten wenig Raum für eine Wachstumseuphorie. Beispielsweise konstatiert das Kieler Weltwirtschaftsinstitut (IFW) in einer Langzeitprognose zukünftig ein niedriges Trendwachstum von lediglich rund 1 Prozent und unterstreicht damit das Bild der ausgesprochen moderaten Wachstumsraten über

[3] Quelle: Deutsche Bundesbank, zeb/research.

die letzten Jahrzehnte, die für die Jahre 1991 bis 2003 nach Angaben des Statistischen Bundesamts bei nur 1,2 Prozent lag.

Vor dem Hintergrund dieser generell begrenzten Wachstumsentwicklung in der Gesamtwirtschaft und gesättigten Märkten im Bankgeschäft ist zu fragen, ob alle Bereiche des klassischen Bankgeschäfts derartig engen Wachstumsgrenzen unterliegen bzw. welche Marktsegmente und Geschäftsstrukturen noch Wachstumsmöglichkeiten und Ertragssteigerungen für Banken und Sparkassen zulassen?

Die Empirie zeigt, dass es sehr wohl Wachstumspotenziale gibt, die von einzelnen Instituten oder Gruppen profitabel ausgeschöpft werden können. So hatte etwa das Konsumentenkreditgeschäft ein überdurchschnittliches Wachstum von rund 8 Prozent zu verzeichnen und erreichte, abgesehen vom Wiedervereinigungseffekt, ein signifikantes Langzeithoch (vgl. Abb. 28). Zu bedenken sind an dieser Stelle jedoch die Relationen zu anderen Bereichen des Bankgeschäfts. Das Konsumentenkreditgeschäft hat zwar deutliche Zuwächse erreicht und mittlerweile ein Volumen von rund 131,7 Mrd. Euro – gegenüber 70,6 Mrd. Euro zum Anfang der 90er Jahre – zu verzeichnen, im Verhältnis zur Gesamtheit des Bankengeschäfts ist dieses Volumen allerdings eher als gering einzustufen.

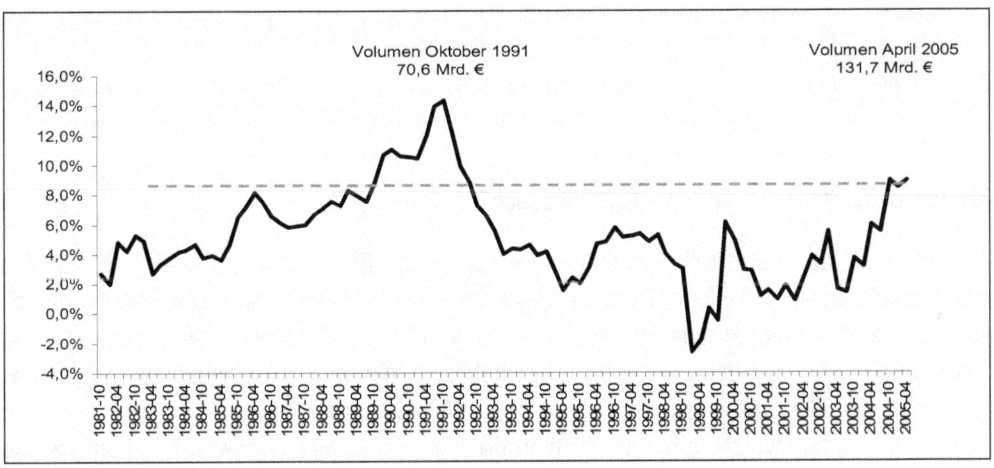

Abbildung 28: Jährliches Wachstum der Konsumentenkredite in Deutschland[4]

Deutlich größeres Marktpotenzial ist im Wachstumsfeld der gehobenen Privatkunden, bzw. im so genannten „New Wealth Management", zu sehen. Interessant ist insbesondere das mittlere Vermögenssegment (Kunden mit bis zu 1,5 Mio. Euro Vermögen), welches mit einem hohen Volumen bzw. einer großen Kundenzahl aufwartet – mit Wachstumsraten um die 7 Prozent pro Jahr (vgl. Abb. 29). Darüber hinaus können Banken auch ein weitaus profitableres Klientel

[4] Quelle: Deutsche Bundesbank, zeb/research.

bedienen, was an dieser Stelle allerdings nicht betrachtet werden soll, da dieses spezielle Segment bereits zum sehr speziellen gehobenen Private Banking zu zählen ist. Es geht vielmehr um die Segmente, in denen gerade Verbundgruppen noch relativ stark vertreten sind und ihre Positionen ausbauen können.

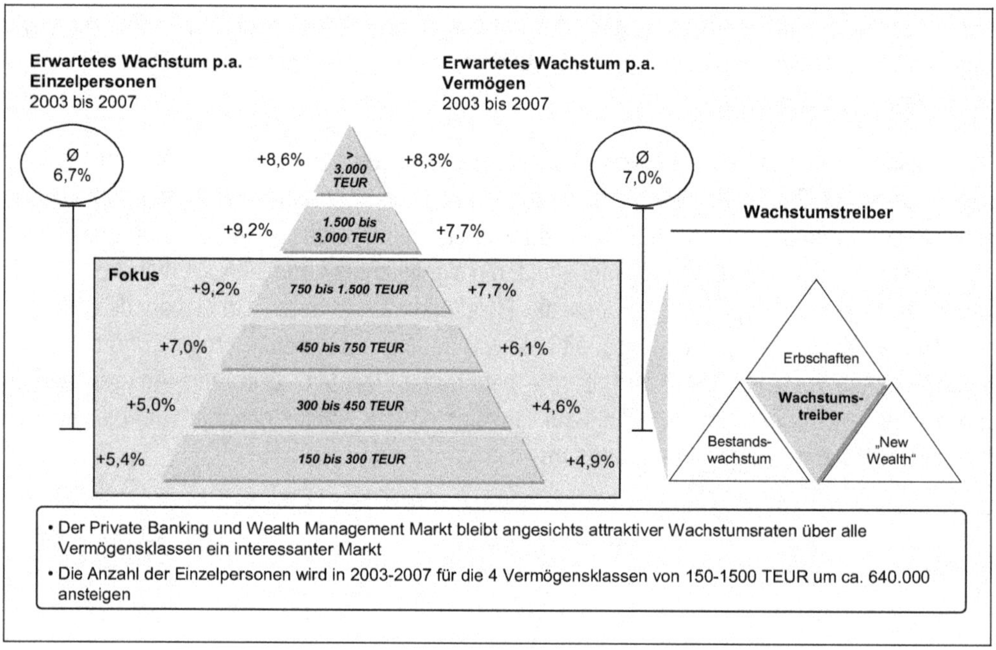

Abbildung 29: Wachstum im Privatkundengeschäft[5]

Wesentlicher Wachstumstreiber, neben Zinseffekten und Bestandswachstum, sind in diesem Marktbereich vererbte Geldvermögen – insbesondere vor dem Hintergrund, dass zukünftig viele Erbschaftsvermögen gesplittet werden und somit mehr Personen bzw. potenzielle Kunden ein hohes Anlagepotenzial vorzuweisen haben. Allein im o.g. Marktsegment ist im Zeitraum 2003 bis 2007 mit einem Anstieg um rund 640.000 Einzelpersonen zu rechnen. Ferner ist das Gesamtmarktvolumen hier deutlich größer als beispielsweise im Konsumentenkreditbereich. So werden bis 2010 Vermögensübertragungen von insgesamt 2 Billionen Euro mit einem Geldvermögensanteil von knapp 900 Mrd. Euro erwartet (vgl. Abb. 30).

[5] Quelle: Datamonitor, Wealth Management in Germany 2004.

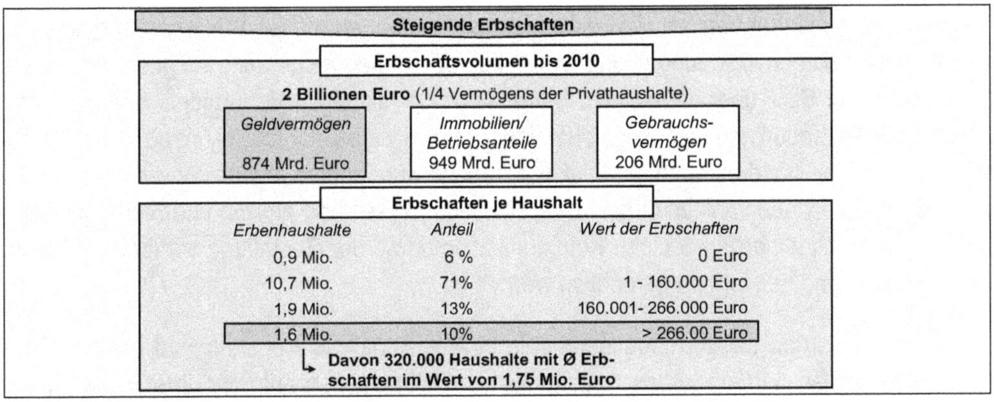

Abbildung 30: Zukünftige Erbschaftsvolumina[6]

Aufgrund der Attraktivität des Privatkundengeschäfts ist allerdings mit einem intensiveren Wettbewerb zu rechnen. Neben Anbietern aus dem etablierten Bankenbereich werden auch andere Finanzdienstleister, Versicherer und ausländische Institute verstärkt Position beziehen. Mit steigender Wettbewerberanzahl kommt der Qualität der angebotenen Produkte und Leistungen eine erfolgsentscheidende Bedeutung zu. Ohnehin stellt dieses Geschäft hohe Leistungsanforderungen an die Kundenorientierung und den Vertrieb und Beratung (vgl. Abb. 31). Gerade bei den etablierten Anbietern werden einige Anforderungen oft nur teilweise und ungenügend umgesetzt. Zurückzuführen ist dieser Zustand vielfach auf die starke Konzentration auf das traditionelle Vermögensanlagegeschäft bzw. auf die „Wertpapieraffinität" im Private Banking. Und in diesem liegt laut der zeb/Privatkundenstudie nur ein Viertel des Ertragspotenzials. Viel zu wenig Aufmerksamkeit finden in diesem Segment daher die verbleibenden 35 Prozent aus Finanzierungsgeschäften sowie 40 Prozent aus Vorsorgeprodukten.

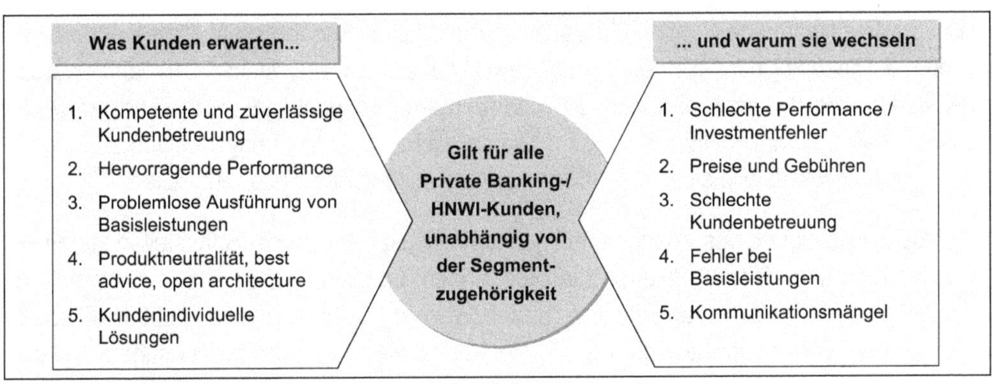

Abbildung 31: Leistungsanforderungen gehobener Privatkunden[7]

[6] Quelle: zeb/Privatkundenstudie, Deutsches Institut für Altersvorsorge 2002.
[7] Quelle: zeb/Privatkundenstudie (Erwartungen und Wechselgründe gemäß ihrer Priorität genannt).

Anbieter sind somit gut beraten, ihr Leistungsspektrum im gehobenen Privatkundengeschäft in einem ganzheitlichen Beratungs- und Vertriebsprozess bedarfsgerecht zu gestalten. Hierzu gehört auch der Blick über die isolierte Betrachtung der aktuellen Vermögens- und Bedarfssituation eines Kunden hinaus, beispielsweise in Form eines „Lifecycle-Ansatzes", und dies schon sehr frühzeitig, d. h. auch mit Blick auf künftige Kundenbindungen. Vor dem Hintergrund zukünftiger Erbschaften sollten daher vor allem Bedürfnisse von Familien und Kinder im Fokus liegen, denen mit. einer frühzeitigen Kommunikation sowie der Gestaltung von bedarfsgerechten Produkten und Leistungen gerecht zu werden ist.

In der Praxis werden diese Kundensegmente in aller Regel nicht ausreichend betreut. Dabei hätten hier primär die Genossenschaftsbanken und Sparkassen aufgrund ihrer hohen Marktanteile und der damit einhergehenden Verwurzelung in den regionalen Märkten eigentlich besondere Wettbewerbsvorteile. Als ein kleines, aber durchaus wirksames Beispiel wäre an dieser Stelle das heutzutage eher in den Hintergrund gerückte Kindersparbuch zu nennen. Dessen wirtschaftliche Bedeutung ist zwar anfänglich sehr gering, im erwähnten Zusammenhang lassen sich dadurch allerdings später potenziell lukrative Kunden gewinnen. Der Pflege dieser frühzeitigen Kundenbindungen sollte wieder ausreichende Beachtung in Beratung und Akquise zukommen, um möglichst viele dieser Kunden zu binden und für eine spätere Abwanderung zur Konkurrenz einen gewissen Schutz zu bilden. Der Aufbau bzw. die Erweiterung entsprechender Kompetenzen sind demzufolge konzentriert zu betreiben, damit eines der wenigen aussichtsreichen Wachstumsfelder im Bankgeschäft nachhaltig profitabel erschlossen werden kann.

III. Steigende Wettbewerbsintensität und Ertragsdruck

Die begrenzte Nachfragesituation einerseits und die hohen Angebotskapazitäten andererseits lassen die These zu, dass sich etablierte Market Player mit weiter steigender Wettbewerbsintensität, einer relativ großen Anzahl an Mitbewerbern und noch größerem Ertragsdruck im Bankgeschäft konfrontiert sehen werden. Die deutliche Konsolidierung der vergangenen 10 Jahre gibt Aufschluss, wie sich die Marktsituation voraussichtlich weiter entwickelt.

Unter Berücksichtigung des Wiedervereinigungseffekts ist die Zahl der Bankstellen in den letzten zehn Jahren um fast 30 Prozent zurückgegangen. Im gleichen Zeitraum hat auch die Beschäftigtenanzahl im Bankgewerbe um rund 10 Prozent, das sind rund 70.000 Mitarbeiter, abgenommen. Eine deutliche Reduzierung der Kapazitäten hat zwar bereits stattgefunden, in Anbetracht des auf dem Gesamtmarkt vorhandenen Marktvolumens und des begrenzten Wachstumspotenzials sowie der erwähnten limitierten und zugleich anspruchsvolleren Nachfrage, ist jedoch davon auszugehen, dass sich dieser Prozess mit hoher Wahrscheinlichkeit weiter fortsetzt. Besonders deutlich wird dieser Trend an der rasanten technologischen Entwicklung und den damit verbundenen Produktivitätsschüben in der Bankenbranche. Neue realisierbare Technologien haben bereits verschiedene Funktionen, insbesondere in der Abwicklung, der Kommunikation und der Informations- und Datenverarbeitung, stark verändert und zum Abbau von Filialen und Personalkapazitäten geführt. So stieg beispielsweise die Anzahl der Online-Konten seit Mitte der 90er Jahre enorm an (vgl. Abb. 32). Es ist anzunehmen, dass allein die Produktivitätssteigerungen durch bereits anwendbare technische Neuerungen noch nicht im vollen Maße ausgeschöpft sind und in naher Zukunft somit weitere Rationalisierungsvorhaben bei Banken hervorrufen werden.

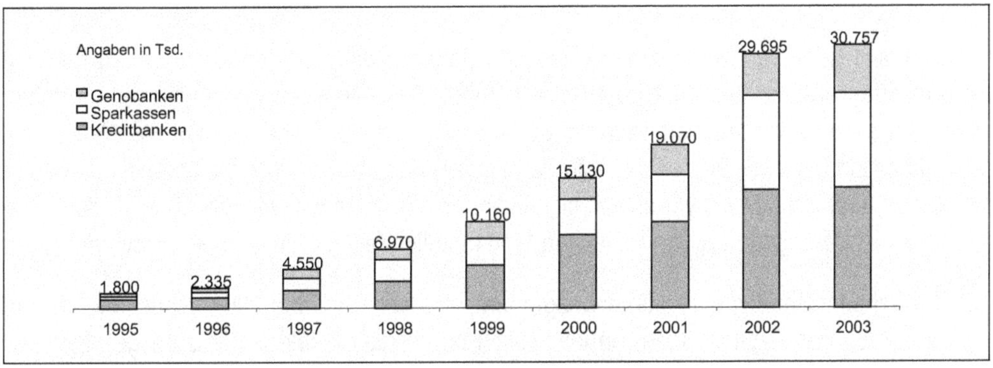

Abbildung 32: Entwicklung der Online-Konten in Deutschland[8]

Neue Technologien erleichtern aber auch die Markteintrittschancen – speziell für überregionale und internationale Wettbewerber – und ziehen Veränderungen in der herkömmlichen Marktlandschaft im Bankgeschäft nach sich. Insbesondere das Internet Banking kann geradezu als Synonym für diese Entwicklung angeführt werden. Einerseits resultieren aus der Digitalisierung des Bankgeschäfts Effizienzsteigerungen und Vereinfachungen von Abwicklungs-, Informations- und Kommunikationsprozessen, andererseits führen internetbasierte Technologieplattformen maßgeblich zu einer deutlich höheren Markttransparenz. Letztere stützt den „Käufermarkt" und sorgt für eine hohe Preissensibilität beim Kunden, der online eine Vielzahl von Angeboten regionaler, überregionaler oder auch rein virtuell agierender Marktakteure oder Direktbanken (z.B. Comdirect, DAB, DKB) adhoc vergleichen kann.

Sowohl im Wholesale Banking als auch zunehmend im Mittelstands- und Gewerbekundensegment herrscht derzeit eine hohe respektive wachsende Preistransparenz. Stagnation bzw. der Rückgang des realen Einkommens breiter Bevölkerungsschichten verstärken diesen Trend zusehends. Hinzu kommt, dass durch die Vergleichsmöglichkeiten die Bankloyalität der Kunden abzunehmen droht. Über sog. „Cherry Picking" können vom Kunden Konditions- und Leistungsvorteile realisiert werden. Klassische Bankprodukte sind Commodities und bieten kaum

[8] Quelle: BIS „Statistics on payment and settlement systems".

Ansatzpunkte zur Differenzierung im Rahmen einer „Unique Selling Proposition (USP)“. Die hohe Verfügbarkeit von Standardfinanzdienstleistungen im Internet ermöglicht ein bequemes Handling von Zweit- und Drittbankverbindungen und führt zu einer Anonymisierung der Kunde-Bankbeziehung. Kaufentscheidungen sind zwar nach wie vor von regionalen, persönlichen und langjährigen Beziehungen abhängig, aber eine Kontrahierung erfolgt dennoch zu Marktpreisen. In diesem Zusammenhang ist auch die Hybridität im Verhalten der Bankkunden hervorzuheben. Auf der einen Seite werden von Banken gute Beratung und Dienstleistungen erwartet, auf der anderen Seite nimmt im Finanzgeschäft die Neigung zum „Schnäppchenkauf“ zu.

Angesichts des limitierten Gesamtmarktes und dem begrenzten Marktpotenzial ist mit einer weiteren Verschärfung des Wettbewerbs zu rechnen. Vor Allem auch deshalb, weil Produktivitätsgewinne die Kapazitäten erhöhen. Im Bankgeschäft werden hohe und mittlere Wachstumsraten, über ein bis zwei Prozent, nur zu Lasten der Mitbewerber zu erzielen sein. Somit wird der Kampf um Marktanteile vermutlich signifikant an Härte hinzugewinnen. Dies verdeutlichen auch die Wanderungsbewegungen bei den Marktanteilen fälliger Einlagen von Privatpersonen.

Der Zuwachs im Bereich Liquiditätsmanagement wird seit 2000 und 2001, insbesondere nach dem Einbruch der Kapitalmärkte, hauptsächlich durch täglich fällige Einlagen getragen. Die jährliche Zuwachsrate betrug im Zeitraum 2001 bis 2004 rund 12,5 Prozent. Hier haben die Direktbanken gegenüber allen anderen, in diesem Marktsegment vertretenen, Banken beeindruckende Zuwachsraten realisieren können (jährlich rund 50 Prozent). Seit 2003 wachsen die Direktbanken auch absolut stärker als der restliche Markt und konnten ihren Marktanteil von rund 4,7 Prozent in 2000 auf rund 14 Prozent in 2004 ausbauen. Diese Entwicklung kommt einem Strukturwandel gleich (vgl. Abb. 33).

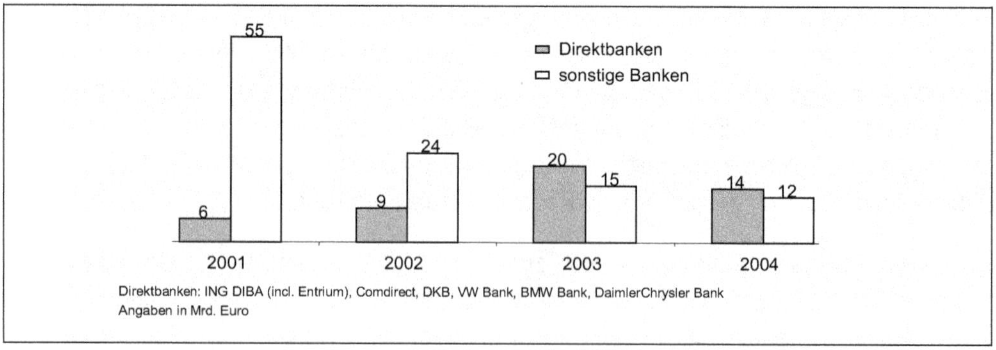

Abbildung 33: Jährlicher Zuwachs täglich fälliger Einlagen von Privatpersonen[9]

[9] Quelle: Deutsche Bundesbank, Geschäftsberichte, zeb/research.

Auch andere Marktsegmente sind schwer umkämpft. So ist im Firmenkundengeschäft eine steigende Wettbewerbsintensität zu bemerken. Während sich vor zwei bis drei Jahren viele (Groß)Banken, nach herben Rückschlägen (Bewertungsergebnisse von -0,8 Prozent bis -1,2 Prozent, Verzehrquoten und Risikokosten) aus diesem Geschäft zurückgezogen hatten, werden mittlerweile wieder alte Preiskämpfe im Markt ausgefochten. Ein Verhalten, das als Indiz für das generell begrenzte Wachstumspotenzial anzuführen ist, da diese Banken trotz erlittener Risiken in den Preiswettbewerb des Firmenkundengeschäfts drängen.

Als weiteres großes Problem ist der aus dem historisch niedrigen Zinsniveau und dem geringen Zinsgefälle resultierende Ertragsdruck zu nennen (vgl. Abb. 34). Im Vergleich zu früheren Jahren sind die Margen im Einlagegeschäft auch marktzinsbedingt erheblich zurückgegangen. Beispielsweise lagen die Bodensätze, bei einer langfristigen Disposition, in der Vergangenheit bei einem Zinssatz von ungefähr 6 bis 7 Prozent. Heute beträgt der Zinssatz gerade einmal 3 Prozent, so dass die Margen bzw. Konditionsbeiträge deutlich schwächer ausfallen. Höher verzinsliche Aktivposten im Kundengeschäft laufen zunehmend aus und fallen sprunghaft auf das heutige Zinsniveau runter (aktuell etwa 4,1 Prozent für 15 Jahre). Vor Allem handelt es sich dabei um langfristige Finanzierungen und Kredite, die, vor dem Hintergrund steuerlicher Wirkung, Sonderabschreibungen und Immobilieninvestitionen in den neuen Bundesländern, noch 6 bis 7 Prozent verzeichnen.

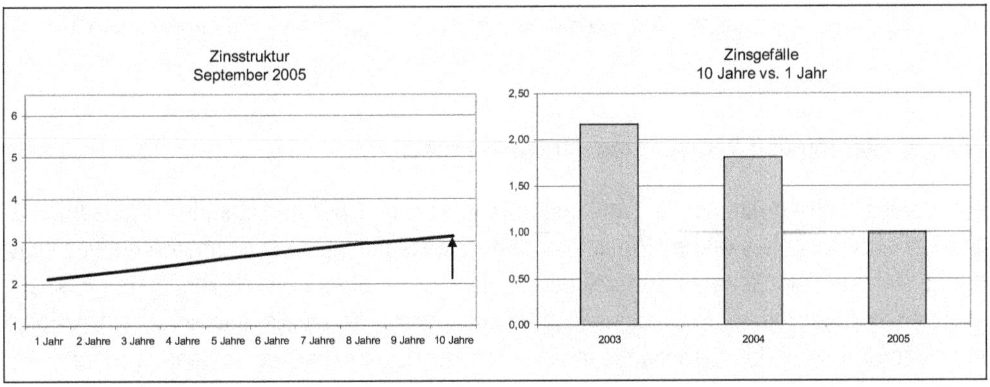

Abbildung 34: Zinsniveau und Zinsgefälle[10]

In Bezug auf das Zinsgefälle hat sich nach der zurückliegenden Zinssenkungsphase das Transformationsergebnispotenzial nunmehr stark verringert. Zusätzlich erschwert die Wettbewerbsintensität bzw. die fehlenden Volumina im Kundengeschäft eine von Bewertungsrisiken freie Fristentransformation, was insbesondere für Universalbanken – aufgrund von Überhängen auf der Einlagenseite – negative Auswirkungen mit sich zieht. Fristentransformation kann in diesen Fällen allerdings nur mit bewertungsrelevanten Geld- und Kapitalmarktgeschäften

[10] Quelle: Deutsche Bundesbank.

durchgeführt werden. Hier wären dann signifikante Ertragseinbußen für (Universal-)Banken zu befürchten und dies bei ohnehin schwacher Ertragslage (vgl. Abb. 35).

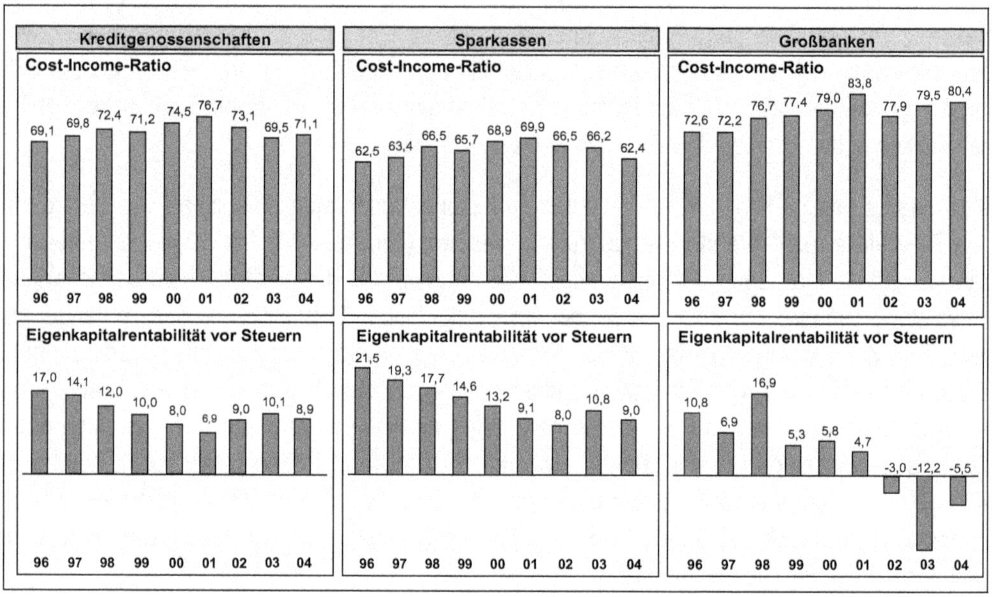

Abbildung 35: Ertragslage bei Genossenschaftsbanken, Sparkassen und Großbanken[11]

IV. Fokussierung und Veränderung der Marktstrukturen

Wie werden sich die steigende Wettbewerbsintensität und der bestehende Ertragsdruck auf die Marktstrukturen auswirken? Welche strategische Neuausrichtung ist angesichts gesättigter Märkte sinnvoll? Als Generalthese soll gelten, dass es zu einer deutlich verstärkten Fokussierung und Spezialisierung im Bankgeschäft kommen wird, mit jeweils unterschiedlichen Folgen und Anforderungen für Geschäftsbanken, Genossenschaftsbanken, Sparkassen und Verbundgruppen. In den letzten Jahren haben generell vor Allem fokussierte und spezialisierte Institute eine überdurchschnittliche Rentabilität erzielt. Darunter waren auch Universalinstitute, die zwar mehrere Geschäftsfelder unter einem Dach bedienen, aber eine deutliche Abgrenzung und separate Steuerung von Business-Sparten, bestimmten Segmenten, Funktionen oder Kapazitäten durchgeführt haben und daraus eine Verbesserung der Ertrags- und Rentabilitätslage vorweisen konnten.

Die generelle Betrachtung der Eigenkapitalrentabilität und Cost-Income-Ratio über den Zeitdurchschnitt bestätigt ganz offensichtlich, dass eine klar fokussierte Unternehmenspolitik Er-

[11] Quelle: Deutsche Bundesbank, Bilanzpressekonferenz 2004 DSGV und BVR, zeb/research.

folg verspricht. Anzuführen sind beispielsweise die Sparda-Banken mit einem konzentrierten und abgestimmten Geschäftsmodell für spezifische Kundengruppen oder Autobanken mit einer durchschnittlichen Eigenkapitalrentabilität vor Steuern von 30 Prozent und einer Cost-Income-Ratio von 47 Prozent. Die etablierten Institute hingegen beziehen hier sehr viel schwächere Positionen (vgl. Abb. 36).

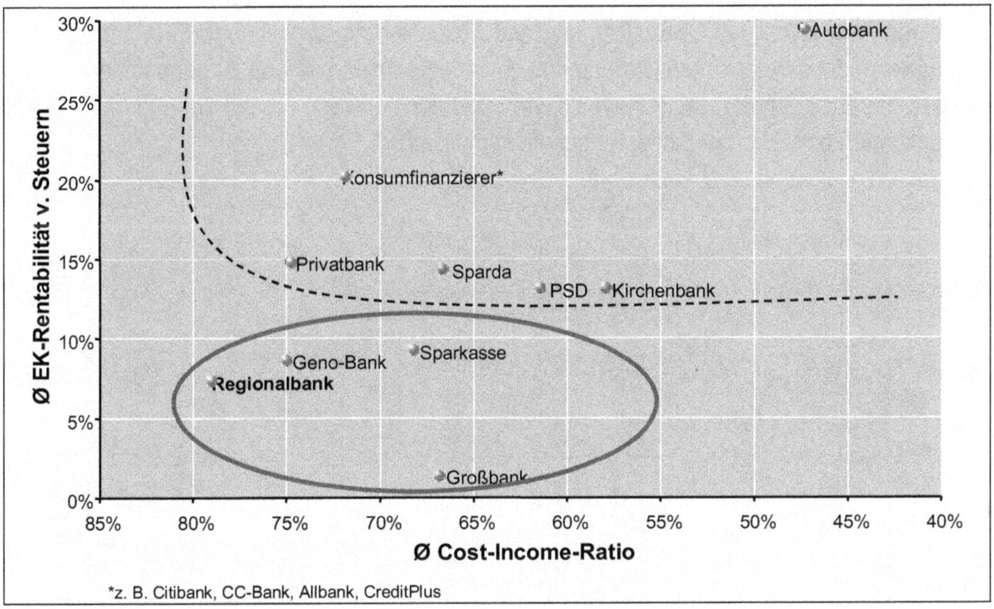

Abbildung 36: Rentabilität und Cost-Income-Ratio in der Bankenbranche[12]

Die Wirkung der konzentrierten Aufstellung und schlanker Strukturen fokussierter Wettbewerber lässt sich auch anhand von Kundenwachstumsdaten festmachen. Durch attraktive bzw. preiswerte und auf spezifische Kundensegmente abgestimmte Angebote ziehen diese sehr viele Kunden auf sich und bedrohen damit zunehmend die etablierten Anbieter. Allein im Zeitabschnitt 2000 bis 2003 gewannen die stark fokussierten Institute rund 6 Mio. Kunden bzw. neue Bankverbindungen. Die Wanderungsbewegung von den Regionalinstituten, wie Sparkassen, Volks- und Raiffeisenbanken, sowie Großbanken hin zu den Direkt- und Spezialbanken sowie anderen fokussierten Wettbewerbern machte im o.g. Zeitraum rund 2,6 Mio. Kunden aus (vgl. Abb. 37). Daraus wird ersichtlich, dass die Bankkundenloyalität und damit die Ertragsbasis mehr und mehr abnehmen und Kunden Bankgeschäfte nach Ansprüchen und Konditionen splitten. Anhand dieser Marktbeobachtungen scheint generell eine verstärkte Fokussierung und Spezialisierung für alle Marktakteure unvermeidlich. Wo aber liegen die eigentlichen Wettbewerbsvorteile gegenüber den herkömmlichen Banking Practices?

[12] Quelle: Jahresabschlüsse, zeb/research.

Aus der Konzentration und Fokussierung auf bestimmte Geschäftsfelder, Produktsortimente und Kundengruppen sowie Funktionen können umfangreiche Komplexitätsreduktionen, geringere Wertschöpfungstiefen und folglich Synergien, eine höhere Produktivität und Rentabilitätssteigerungen resultieren (vgl. Abb. 38). Beispielsweise übernahmen Direktbanken nur bestimmte Funktionen im Bankgeschäft und zielten vorerst ausschließlich auf das Privatkundengeschäft ab. Erweiterungen des Geschäftsbetriebs wurden in der Regel dabei sukzessive auf Grundlage ihrer jeweiligen Spezialisierung und Fokussierung abgestimmt. Eine ähnliche Vorgehensweise der Direktbanken ist derzeit auch in der Baufinanzierung zu beobachten. Wichtig ist, dass das Ertragspotenzial die Investitionen und den Aufwand rechtfertigt und nicht unnötig die Funktionen bzw. die Wertschöpfungstiefe kompliziert.

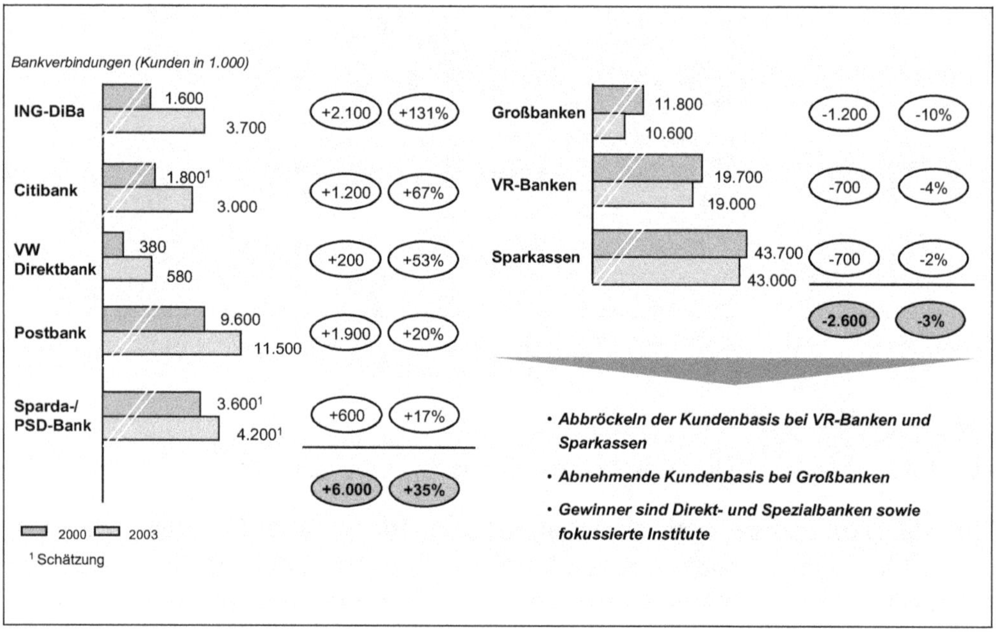

Abbildung 37: Kundenwachstum ausgewählter Institute im Privatkundengeschäft im Zeitraum 2000 bis 2003[13]

Besonders anschaulich wird dies bei Finanzdienstleistern wie AWD und MLP, die sich weitgehend auf die Vertriebsfunktion festgelegt haben und dadurch enorme Renditen erwirtschaftet haben. Ebenfalls kann eine strategische Fokussierung auf eine ganz bestimmte Kundenklientel, wie z. B. bei den Autobanken, eine lohnende Ausrichtung sein. Das Entscheidende ist jedoch, dass letztendlich eine hohe Produktivität erreicht werden muss, damit auch eine hohe Rentabilität erzielt werden kann.

[13] Quelle: zeb/research, Geschäftsberichte, Unternehmensangaben.

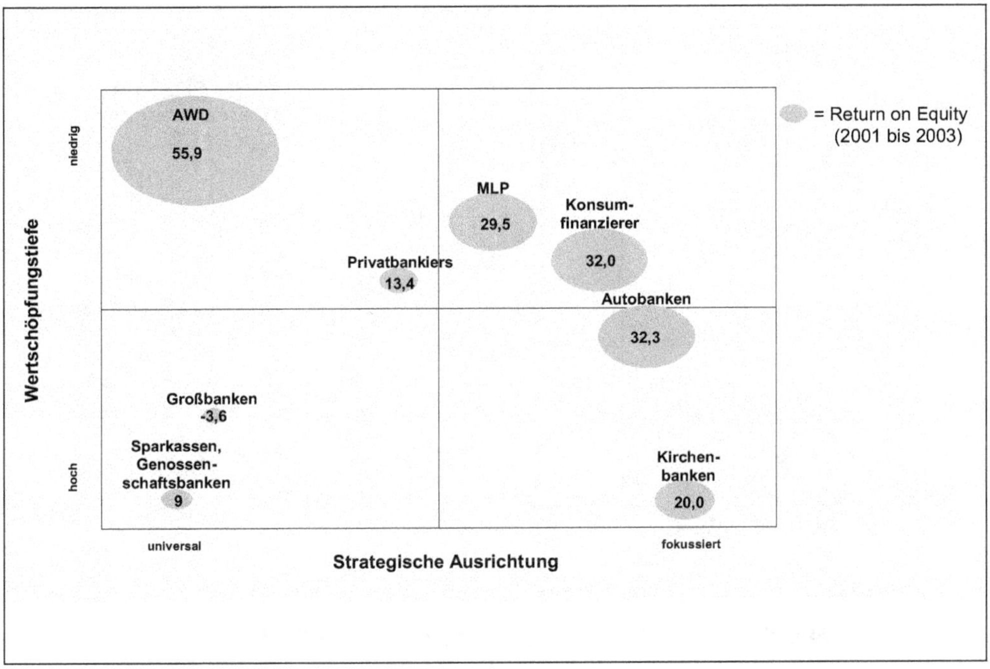

Abbildung 38: Positionierung nach Strategie und Wertschöpfungstiefe[14]

In der Folge werden Funktionen, die nicht zur Kernkompetenz und Fokussierungsstrategie passen, zunehmend ausgegliedert oder separiert. Für Sparkassen sowie für Genossenschafts- und Raiffeisenbanken bedeutet dies eine noch stärkere Verlagerung und Ausgliederung bestimmter Funktionen im Verbund, um die Wertschöpfungstiefe zu verringern, und eine Konzentration auf die „Vertriebs- und Steuerungsbank" zu erreichen. In der Vergangenheit wurden diesbezüglich bereits entsprechende Entwicklungen vorangetrieben. Eine Studie des zeb zeigt, in welchen Feldern Outsourcing von Banken und Sparkassen geplant oder bereits vollzogen ist. Im Ergebnis planen 50 Prozent aller Banken in diesem Sample ein Outsourcing von Funktionen und Geschäftsbereichen, um Komplexität und Schnittstellen zu reduzieren (vgl. Abb. 39).

[14] Quelle: zeb/research.

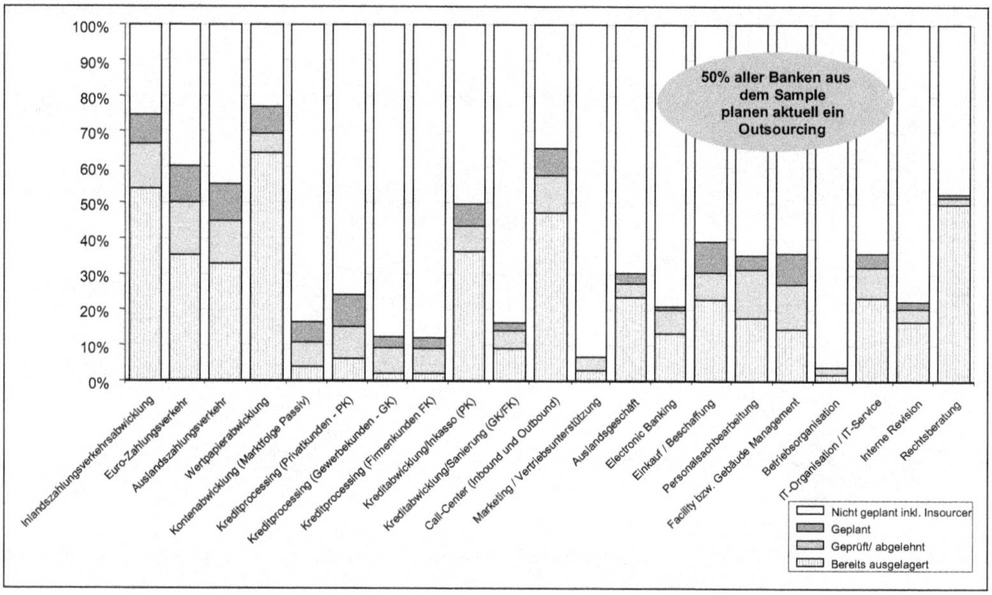

Abbildung 39: Wertschöpfungstiefe und Outsourcing von Banken[15]

Als Resultat von Wettbewerb und Fokussierung werden sich somit Geschäftsmodelle und Marktstrukturen verändern. Banken und Sparkassen müssen allerdings – unter Einbezug von regional- und verbundpolitischen Aspekten – sehr viel konsequenter Ertrags-/Kostenrelationen und Mengengerüste zur Grundlage segmentorientierter Geschäftsstrategien heranziehen. Die Ertragspotenziale in den einzelnen Segmenten beeinflussen die Geschäftsmodelle zukünftig noch stärker (vgl. Abb. 40).

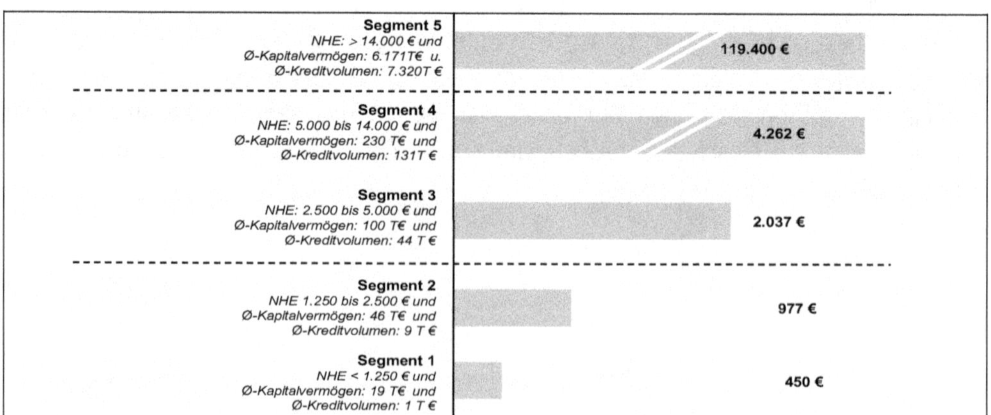

Abbildung 40: Ertragspotenziale Privatkundengeschäft (Angaben pro Verbund)[16]

[15] Quelle: zeb/Marktstudie „Leistungsfähigkeit von Bankdienstleistern/Insourcern 2004“ (130 beteiligte Banken und Sparkassen).

Es kommt darauf an, dass in den einzelnen Segmenten ein richtiges prioritäres Verhältnis von Investitionen und Aufwendungen zum Ertragspotenzial besteht. So müssen Banken und Sparkassen in weniger attraktiven Geschäftsbereichen auch mit weniger Aufwendungen arbeiten können. Vorzugsweise sollte eine technische Plattform geschaffen werden, die zukünftig Geschäftsprozesse einfacher und komplexitätsreduzierter gestaltet und eine flexible wie auch schnellere Handlungsweise ermöglicht. Insbesondere im Retail Banking würde sich dadurch, unter Berücksichtigung entsprechender Mengengerüste, eine ertragreiche Marktbearbeitung zu minimalen Grenzkosten gestalten lassen. Das ist gerade für Sparkassen und Genossenschaftsbanken sehr relevant, da sie sich hauptsächlich im klassischen Retailgeschäft bewegen, welches zunehmend marketing- und mengenbetrieben sein wird.

Zur Erreichung der erforderlichen Mengengerüste und Schlagkraft im Retail Banking lassen sich die folgenden Erfolgsfaktoren identifizieren.

- Mindestens 1 Mio. Retailkunden zur Erreichung notwendiger Mengengerüste,
- Anteil von mindestens 10 Prozent im relevanten Markt zur Sicherung der Wettbewerbsposition,
- Segmentspezifische Ausgestaltung der Vertriebswege („Filialen light", Call Center, Internet),
- Auslastung des Filialvertriebs durch mindestens 5.000 Kunden je Filiale im Durchschnitt,
- Konsequenter Einsatz von Produkt- und Preispolitik zur Kundenattraktion,
- Hohe Werbeetats zur Erzielung von Push-Effekten.

Erfolgreiche Wettbewerber belegen die Bedeutung der genannten Erfolgsfaktoren. Mit einer sehr fokussierten und konsequenten Produkt- und Preispolitik sowie aggressivem Marketing, hohen Werbeetats und intensivem Imageaufbau gelang es insbesondere DiBa, Postbank und Citibank Push-Effekte zu erzielen, ihre Produkte im Markt erfolgreich zu platzieren und somit auskömmliche Mengen zu generieren. Sie betrieben damit eine erfolgreiche Geschäftspolitik in einer Zeit, in der die gesamte Bankbranche eigentlich stark gelitten hat (vgl. Abb. 41).

[16] Quelle: zeb/Privatkundenstudie (Werte für 2001).

	Erfolg	durch
ING DiBa	• 11,5 Mio. Kunden • Marktanteil von 9% deutschlandweit • ROE v. St.: 7,4%	• Aggressives Pricing (z.B. kostenloses Depot und Girokonto, 2,5% auf Girokonto) • Aggressives Marketing (insb. TV, führende Printmedien) • Konzentration auf Internetvertrieb
Postbank	• 11,5 Mio. Kunden • Marktanteil von 9% deutschlandweit • ROE v. St.: 19,5%	• Aggressives Pricing (z.B. kostenloses Depot und Girokonto, 2,5% auf Girokonto) • Aggressives Marketing (insb. TV, führende Printmedien), Budget > 70 Mio. EUR • 9.000 „Voll“-Filialen (alle Bankdienstleistungen), 8.220 „Light“-Filialen (Basisprodukte), Call Center, Außendienst, Electronic Banking
citibank	• 3 Mio. Kunden • Marktanteil von 2,4% deutschlandweit • ROE v. St.: 78,5%	• Aggressives Marketing (insb. TV) • 286 Filialen in Lagen mit hoher Kundenfrequenz, Finanzshop im TV, Call Center, Außendienst, Electronic Banking

Abbildung 41: Erfolgreiche Wettbewerber im Bankengeschäft[17]

Auf diese Geschäftspolitik und -modelle reagieren die etablierten Retailgruppen ihrerseits zunehmend aggressiver. So verkündete Dr. Dietrich H. Hoppenstedt, Präsident des DSGV, in der Financial Times Deutschland (FTD) am 20.09.2005 aus Berlin: „Vertrauen Sie darauf, dass wir mit sehr großer Wucht angreifen.“[18] Andererseits tun sich die regional aufgestellten Verbundgruppen wegen der heterogenen Interessen und Entscheidungs- und Kompetenzstrukturen mit der notwendigen Anpassungsgeschwindigkeit schwer. „Dass wir nicht mit Direktbanken (...) mithalten können, ist (...) nicht zutreffend. Wir waren nicht schnell genug, das ist unser Thema“[19] – konstatierte Dr. Dietrich H. Hoppenstedt in einer zutreffenden Einschätzung.

Aber auch die politische Öffnung der nationalen Märkte und die Wachstums- und Renditeansprüche der Kapitalmärkte treiben die Veränderung der Marktstrukturen und die Konsolidierung sowohl auf europäischer Ebene durch grenzüberschreitende Fusionen bzw. Übernahmen als auch in den nationalen Teilmärkten fort. Während der vergangenen dreißig Jahre hat in der EU mit jeweils länderspezifischen Ausprägungen eine deutliche Liberalisierung bzw. Entstaatlichung der Bankensysteme stattgefunden, die besonders die öffentlich-rechtlichen Sektoren betraf. So wurde in fast allen europäischen Ländern das Regionalprinzip für öffentlich-rechtliche Sparkassen abgeschafft und ein Übergang in andere Rechtsformen und sektorübergreifende Fusionen und Übernahmen ermöglicht sowie in Verbindung damit eine schärfere Trennung zwischen Wettbewerbs- und Fördergeschäft herbeigeführt. Eine derartig weit-

[17] Quelle: Unternehmensdaten, zeb/research.

[18] Schmid F./Clausen S./Klusmann S.: Sparkassen-Präsident kündigt Frontalangriff auf Privatbanken an, in: Financial Times Deutschland 20. September 2005, S. 23.

[19] Ebenda, S. 23.

reichende Entwicklung ist in Deutschland bislang nicht eingetreten. Hier lag die grundlegende Veränderung darin, dass den Sparkassen und Landesbanken die staatlichen Haftungsgarantien (Gewährträgerhaftung und Anstaltslast) und die damit verbundene Bevorzugung im Wettbewerb im Jahr 2005 (mit Übergangsfrist bis 2015) entzogen wurden.

Die Veränderungen in den nationalen Banksystemen werden maßgeblich von der auf die Schaffung eines einheitlichen Binnenmarktes ausgerichteten Finanzdienstleistungspolitik der Europäischen Union bestimmt. Ihre grundsätzliche Ausrichtung ist von der streng marktwirtschaftlichen Vorstellung geprägt, „(...) dass tiefe, liquide und dynamische Finanzmärkte die effiziente Allokation und Bereitstellung von Kapital und Dienstleistungen in der gesamten europäischen Wirtschaft, d. h. sowohl im Großkunden- als auch im Privatkundensektor gewährleisten werden (...)" und dadurch „(...) der Grundstein für ein höheres langfristiges Wirtschaftswachstum und für die Schaffung von Arbeitsplätzen gelegt wird (...)."[20] Diese im Grünbuch der Europäischen Kommission niedergelegte „Vision" bestimmt die Zielsetzung, die Öffnung der Finanzmärkte innerhalb der EU und „(...) Beseitigung der verbleibenden wirtschaftlich bedeutenden Hindernisse(...)"[21] voranzutreiben.

Mit Letzterem ist auch die im Weißbuch der Europäischen Kommission genannte Aufhebung so genannter „(...) ungerechtfertigter Hemmnisse für die grenzüberschreitende Konsolidierung (...)"[22] gemeint. In einer dazu von der EU-Kommission angestellten Untersuchung wird ein Mangel an länderübergreifender Konsolidierung im Finanzsektor konstatiert und die Vermutung geäußert, dass diese in einzelnen Mitgliedsländern behindert wird, und für die Zukunft wurden intensivere Beobachtungen von Beschränkungen des freien Kapitalverkehrs angekündigt. Wie zwischenzeitliche Entwicklungen wie etwa die Übernahme zweier italienischer Banken (der Banco Antonveneta durch die ABN Amro und der BNL durch BNP) zeigen, erzielt die EU damit zunehmend Fortschritte in der Entscheidungsfreiheit der Wirtschaftsteilnehmer, der Öffnung der nationalen Bankenmärkte und der von ihr angestrebten länderübergreifenden Konsolidierung.

Gleichwohl ist die Finanzdienstleistungspolitik der EU in der Konsolidierungsfrage nicht unumstritten. Die Diskussionen entzünden sich dabei insbesondere an der Frage, ob ein rein privatwirtschaftlich organisiertes Banken- und Finanzsystem die angestrebte umfassende und freie Bereitstellung von Kapital und Dienstleistungen in der gesamten europäischen Wirtschaft zu den niedrigst möglichen Kosten vollständig sicherstellen kann. Den Hintergrund für diese Diskussionen bilden zwei Systempole: Auf der einen Seite das deutsche Bankensystem als extremes Beispiel für ein Bankenfinanzierungssystem und mit einem öffentlich-rechtlichen Sektor, der sehr hohe Marktanteile im Privatkundengeschäft und im Geschäft mit kleinen und

---

20 Grünbuch der Europäischen Kommission zur Finanzdienstleistungspolitik (2005-2010), 3. Mai 2005, S. 5 f.
21 Ebenda, S. 3 f.
22 Weißbuch der Europäischen Kommission zur Finanzdienstleistungspolitik (2005-2010), 5. Dez. 2005, S. 15 f.

mittleren Unternehmenskunden (KMU) auf sich vereinigt, auf der anderen Seite das britische, stark konsolidierte und vollständig entstaatlichte Bankensystem mit einer eher oligopolistischen Angebotsstruktur in einem insgesamt als kapitalmarktbasiert zu kennzeichnenden Finanzierungssystem.

Während gegen die Ausgestaltung und Bedeutung des öffentlich-rechtlichen Sektors im deutschen Bankensystem angeführt wird, er sei nicht mehr durch ein Marktversagen zu begründen und behindere die in einer Marktwirtschaft im Sinne einer gesamtwirtschaftlich effizienten Kapitalallokation möglich zu machende Konsolidierung, wird dieser Argumentation unter Berufung auf den so genannten Cruickshank-Report entgegengehalten, dass in den strukturschwachen Gebieten Großbritanniens hinsichtlich der Versorgung von Niedrigverdienern und KMU's mit Finanzdienstleistungen ein solches Marktversagen zu konstatieren sei.

Generell strebt die Finanzdienstleistungspolitik der EU auch weiterhin eine Öffnung der Strukturen einschließlich der Erwerbsmöglichkeit anderer Banken an. Dies würde sich nach dem Wegfall der Haftungsgarantien und angesichts der hohen Wettbewerbsintensität am deutschen Bankenmarkt vermutlich aber nur insoweit auf die Drei-Säulen-Struktur und den öffentlich-rechtlichen Sektor erstrecken, als nicht marktübliche Eigentümerbeziehungen bzw. einseitige Zugangsmöglichkeiten allein für kommunale Institutionen (im Falle gesetzlicher Freigaben von Träger- zu Besitzverhältnissen) geschaffen würden. Diesbezügliche Strukturänderungen würden sich eher aus den aktuellen politischen Diskussionen in Deutschland selbst bzw. den im Weiteren noch zu behandelnden marktlichen Prozessen ergeben. Hinzu kommt, dass andere Formen zur Beseitigung von Marktschwächen wie etwa die in Großbritannien als Reaktion auf die im Cruickshank-Report konstatierte Problematik für die KMU's von der dortigen Competition Commission verfügte Preisregulierung einer Basisverzinsung für Giroguthaben oder alternativen Freistellung von Kontoführungsgebühren eher von Hilflosigkeit zeugen und von der Bank of England sowie vom Treasury Select Committee des britischen Parlaments kritisiert wurden.

Ist die Finanzdienstleistungspolitik der Europäischen Kommission auf der einen Seite durch die angestrebte Liberalisierung der europäischen Bankenmärkte geprägt, so übt sie auf der anderen Seite erheblichen und mit signifikanten Anpassungskosten und Strukturwirkungen verbundenen Druck auf den Bankensektor selbst aus. Für die kommenden Jahre sollen dabei insbesondere die Einführung eines einheitlichen Zahlungsverkehrssystems SEPA (Single Euro Payments Area), ein höherer Verbraucherschutz im Bereich des Zahlungsverkehrs, der Verbraucherkredite und der Transparenz von Anlage- und Altersvorsorgeprodukten, die Integration des EU-Hypothekarkreditmarktes sowie die engere Verzahnung der Finanzaufsichten erreicht werden.

V. Fazit

Unter Betrachtung der vergangenen Entwicklungen, aktuellen Trends und zukünftigen Szenarien haben die Regionalinstitute und Verbundgruppen, aufgrund ihrer Strukturen, die größten Herausforderungen zu bestehen. Großbanken sind davon ebenfalls betroffen, hier liegt es jedoch weniger an den Strukturen als an eigenen Fehleinschätzungen in der Vergangenheit. Angesichts der hohen Marktanteile bieten im Retailgeschäft die Sparkassen und Genossenschaftsbanken die größte Angriffsfläche. Einzelne Großbanken hingegen vereinen in diesem Segment bundesweit nur Marktanteile von etwa 3 bis 5 Prozent. Des Weiteren haben es die Regionalinstitute sehr viel schwieriger, aggressives Pricing durchzuführen, da dadurch die Gefahr besteht, die eigenen Erträge aus den Besitzständen zu kannibalisieren und diese Vorgehensweise mit schmerzhaften und komplexen Strukturveränderungen einhergeht.

Problematisch sind auch Interessenkonflikte aufgrund unterschiedlicher Größenordnungen innerhalb der Verbundgruppen (z.B. zwischen Sparkassen und Landesbanken). Vor Allem sind vertikal und horizontal massive Differenzen zu bewältigen (z.B. regionaler Geschäfts-, Funktions-, und Arbeitsplatzverlust versus produktivitätsbedingter Zentralisierung), die insbesondere im Retailgeschäft eine fokussierte Steuerung von Vertriebsaktivitäten erschweren. Regionalbanken stehen zudem vor dem Problem, dass eine regional- und förderungspolitische Arbeitsauffassung besteht, die nicht zwangsläufig mit einer zentralistischen Sichtweise bzw. der Zusammenfassung von Aktivitäten konform geht. Ein weiteres kulturelles Problem ist der Wandel von der „Bestands- zur Vertriebsbank". Nicht nur die Strukturen müssen fokussiert auf den Verkauf von Bankprodukten und Dienstleistungen ausgerichtet werden, auch Geschäftsführer und Mitarbeiter müssen schnell die Umsetzung des Wandels vollziehen. Mit Zuversicht kann man hier auf die Historie der Postbank blicken, die sich binnen kurzer Zeit zu einer modernen, innovativen Vertriebsbank entwickelt hat.

Die eigentliche Schwierigkeit ist jedoch die Dringlichkeit der durchzuführenden Anpassungsmaßnahmen. Es ist zu vermuten, dass die etablierten Institute, aufgrund der genannten Probleme, auf die aggressive Marktbearbeitung neuer Wettbewerber ihrerseits nicht schnell genug reagieren können und in Zukunft weitere Marktanteile im Retailgeschäft verlieren werden. Dies wirft die Frage auf, ob Sparkassen und Genossenschaftsbanken einem drohenden Wegfall (wenn nicht sogar Einbruch) der Geschäftspotenziale im Retailgeschäft mit Substitution in Wachstumsbereichen, wie beispielsweise im gehobenen Privatkundengeschäft, begegnen könnten. Grundsätzlich scheint das gehobene Privatkundengeschäft für Sparkassen und Genossenschaftsbanken gut geeignet. Regionale Kundenbindung, Relationship-Orientierung und Beratungsleistungen sprechen dafür. Dieses stark kompetitive Geschäft erfordert aber eine hohe gesamtheitliche Beratungsqualität und stellt beträchtliche Anforderungen an die Vertriebssteuerung, Führung und Herangehensweise.

In Bezug auf die oft verlautete Ansicht, dass kleine Regionalinstitute ertragsmäßig auf Dauer nicht überleben können und nur ab gewissen Ballungsgrößen wettbewerbsfähig seien, kann abschließend eine vom zeb untersuchte EBS-Studie für die Jahre 2001 bis 2003 angeführt werden (vgl. Abb. 42). Die Daten zeigen, dass die Gesamtgröße einer Bank empirisch keinen direkten Einfluss auf die Rentabilität im Bankgeschäft hat. Sowohl kleine als auch große Institute können über dem Durchschnitt liegende Rentabilitätsgrößen vorweisen.

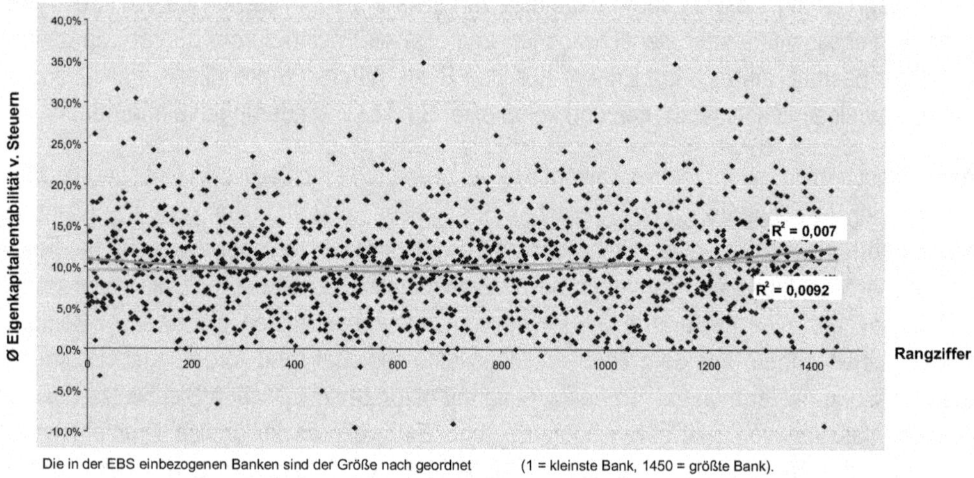

Abbildung 42: Bankgröße und Rentabilität[23]

Unter Betrachtung der Entwicklungen im Retailgeschäft stellt sich allerdings die Frage, ob nicht gerade in diesem Segment die veränderten Marktverhältnisse zukünftig tendenziell Größe und die damit einhergehende höhere Schlagkraft in regionalen und überregionalen Märkten einfordern. Unabhängig von der Größenordnung gibt es jedoch offensichtlich auch Institute, die sich innerhalb der Verbundgruppe als Universalinstitut erfolgreich aufstellen und in der Lage sind, die Geschäftsfelder fokussiert zu betrachten und ertragsorientiert zu steuern sowie trotz steigender Wettbewerbsintensität und angesichts gesättigter Märkten ihre Marktposition behaupten und lukrativ ausbauen.

[23] Quelle: Jahresabschlüsse, zeb/research.

STICHWORTVERZEICHNIS

A

B

C

D

E

F

G

H

I

K

L

M

N

O

P

R

S

U

V

W

Z

GPSR Compliance
The European Union's (EU) General Product Safety Regulation (GPSR) is a set of rules that requires consumer products to be safe and our obligations to ensure this.

If you have any concerns about our products, you can contact us on

ProductSafety@springernature.com

In case Publisher is established outside the EU, the EU authorized representative is:

Springer Nature Customer Service Center GmbH
Europaplatz 3
69115 Heidelberg, Germany

www.ingramcontent.com/pod-product-compliance
Lightning Source LLC
LaVergne TN
LVHW080624051026
849527LV00003B/612
* 9 7 8 3 8 3 4 9 0 4 2 1 8 *